DE BEDSTE SNACKS I KAFFEBAREN

Forøg din kaffeoplevelse med 100 lækre bidder

TINA KARLSSON

Copyright materiale ©2023

Alle rettigheder forbeholdes

Ingen del af denne bog må bruges eller transmitteres i nogen form eller på nogen måde uden korrekt skriftligt samtykke fra udgiveren og copyright-indehaveren, bortset fra korte citater brugt i en anmeldelse. Denne bog bør ikke betragtes som en erstatning for medicinsk, juridisk eller anden professionel rådgivning.

INDHOLDSFORTEGNELSE

INDHOLDSFORTEGNELSE **3**
INTRODUKTION **6**
BAKLAVA **7**
   1. P<small>ISTACIE</small> B<small>AKLAVA</small> 8
   2. O<small>REO BAKLAVA</small> 11
   3. N<small>O</small>-B<small>AKE</small> F<small>ERRERO</small> R<small>OCHER</small> B<small>AKLAVA</small> 13
DANSKE **15**
   4. M<small>INI</small> F<small>RUGT</small> D<small>ANISHES</small> 16
   5. C<small>APPUCCINO</small> D<small>ANISHES</small> 18
CROISSANTS **20**
   6. B<small>LÅBÆR CITRON CROISSANTER</small> 21
   7. C<small>HOKOLADE CHIP CROISSANTER</small> 23
   8. B<small>ANAN ECLAIR CROISSANTER</small> 26
   9. N<small>UTELLA OG BANANCROISSANTER</small> 28
   10. S'<small>MORES CROISSANTER</small> 30
   11. C<small>ROISSANTER MED KANELFINGERBOLLE</small> 33
   12. K<small>ANEL</small> S<small>UKKER</small> C<small>ROISSANTER</small> 37
   13. B<small>LÅBÆR</small>- <small>OG FLØDEOSTCROISSANTER</small> 39
   14. H<small>INDBÆR</small> R<small>OSE</small> L<small>ITCHI</small> C<small>ROISSANT</small> 41
   15. B<small>LÅBÆR CROISSANTER</small> 45
   16. H<small>INDBÆR CROISSANTER</small> 47
SHORTBRAD COOKIES **49**
   17. M<small>ANDEL SANDKAGE</small> COOKIES 50
   18. B<small>ROWN SUGAR SHORTBREAD COOKIES</small> 52
   19. S<small>MÅKAGER MED FRUGT</small> 54
   20. L<small>AVENDEL SANDKAGER</small> 56
   21. M<small>OKKA SANDKAGER</small> 58
   22. P<small>EANUT SHORTBREAD COOKIES</small> 60
   23. K<small>RYDREDE SANDKAGER</small> 62
   24. P<small>ECAN SANDKAGER</small> 64
   25. O<small>REGON HASSELNØD SHORTBREAD COOKIES</small> 66
SCONES **68**
   26. C<small>APPUCCINO SCONES</small> 69
   27. K<small>ANEL KAFFE SCONES</small> 71
   28. M<small>ATCHA GRØN TE SCONES</small> 73
   29. E<small>ARL</small> G<small>REY</small> T<small>EA</small> S<small>CONES</small> 76
   30. F<small>ØDSELSDAGSKAGE</small> S<small>CONES</small> 79
   31. F<small>UNFETTI</small> S<small>CONES</small> 82
   32. H<small>JERTEFORMEDE</small> S<small>WEETHEART</small> S<small>CONES</small> 85

33. CADBURY CREME EGG SCONES 88
34. PASSIONSFRUGT SCONES 91
35. KOKOS OG ANANAS SCONES 93
36. PINK LEMONADE SCONES 96
37. GRÆSKAR TRANEBÆR SCONES 98

CHOKOLADESMÅKAGER 100

38. KRINGLE OG KARAMELKAGER 101
39. GRANOLA OG CHOKOLADE COOKIES 103
40. BISCOFF CHOCOLATE CHIP COOKIES 105
41. SCHWARZWALD COOKIES 107
42. CHOKOLADE TRØFFEL COOKIES 110
43. DOBBELT CHOKOLADE SANDWICH 113
44. CHOKOLADESMÅKAGER 115
45. NO-BAKE MATCHA HVID CHOKOLADE COOKIES 117
46. CADBURY OG HASSELNØDDEKAGER 119
47. CAKE MIX COOKIES 121
48. TYSKE COOKIES 123
49. CHERRY COOKIES 125
50. SPECULOOS 127
51. CORNFLAKE CHOKOLADE CHIP COOKIES 130
52. CAPPUCCINO-KAGER MED HVID CHOKOLADE 132
53. SNICKERS BAR FYLDTE CHOCOLATE CHIP COOKIES 134

BROWNIES 136

54. BANAN FUDGE VALNØDDE BROWNIES 137
55. BITTERSØDE FUDGE BROWNIES 139
56. SALTET KARAMEL FUDGY BROWNIES 141
57. CHOKOLADE FUDGE VALNØDDE BROWNIES 143
58. RASPBERRY FUDGE BROWNIES 145
59. ESPRESSO FUDGE BROWNIES 147
60. RED VELVET FUDGE BROWNIES 149

BAGEL SANDWICHES 152

61. AVOCADO BAGEL SANDWICH 153
62. RØGET KALKUN BAGEL SANDWICH 155
63. MORGENMAD BAGEL MED KRYDRET MIKROGRØNT 157
64. HURTIG BAGEL OMELET SANDWICH 159
65. RØGET LAKS MINI-BAGEL BAR 161
66. SORT SKOV BAGEL 163
67. REJETOPPET BAGEL 165
68. HÆVET KRABBEKØD OG ÆG PÅ BAGELS 167
69. AVOCADO OG BACON BAGEL 169

BLANDINGER AF NØDDER OG FRØ 171

70. FURIKAKE CHEX MIX 172
71. PINK LEMON ADE CHEX MIX 174

72. Grillmad blanding 176
73. Red Velvet Party Mix 178
74. Asian Fusion Party Mix 180
75. Chex mudrede venner 182
76. Red Velvet Puppy Chow 184
77. Krydret BBQ Party Mix 186

DONUTS 188

78. Tira misu Donuts 189
79. Mini Ricotta Donuts fyldt med Nutella 192
80. Cheddar og Jalapeño Ost Donuts 194
81. Æblecider Paleo Donuts 196
82. Chokoladekage Donuts 198
83. Passionsfrugt curd Donuts 200
84. Blåbærkage Donuts 204
85. Bagte Oreo Donuts 206

KANELSNEGLE 209

86. Pink Lemonade Cinnamon r ols 210
87. Chokolade Oreo kanelruller 212
88. Red Velvet kanelsnurrer 215
89. Kartoffel kanelsnurrer 217
90. Flødeskum pecan kanelsnurrer 220
91. Æblesauce kanelsnurrer 222
92. Orange kanelsnurrer 225

EMPANADAS 227

93. BBQ Chicken Empanadas 228
94. Tyrkiet Empanadas 230
95. Svinekødspølse Empanadas 232
96. Tun Empanada 235
97. Galicisk torsk Empanada 238
98. Rejer Empanadas 241
99. Empanadas af druer og oksekød 244
100. Empanadas med hasselnød og banan 247

KONKLUSION 249

INTRODUKTION

I hjertet af kulinarisk udforskning, hvor smage danser og aromaer flettes sammen, byder vi dig hjertelig velkommen til at tage på en ekstraordinær rejse gennem "De bedste snacks i kaffebaren". Indenfor disse sider ligger en skatkammer af 100 omhyggeligt udformede bidder, der hver især er designet til at transcendere det sædvanlige og løfte din kaffeoplevelse til nye højder. Slut dig til os, mens vi dykker ned i kunsten at parre, hvor den harmoniske fusion af rig, friskbrygget kaffe og lækre bid bliver en sansesymfoni.

Forestil dig at træde ind i dit yndlingskaffehus, et tilflugtssted, hvor luften tilføres den fængslende duft af førsteklasses kaffebønner. Forestil dig nu denne oplevelse ikke kun som en fejring af exceptionelle bryg, men også som et gastronomisk eventyr. «De bedste snacks i kaffebaren» er en ode til de øjeblikke, hvor den første tår kaffe møder den perfekte bid, hvilket skaber en kulinarisk dialog, der øger fornøjelsen ved hver forkælelse.

Uanset om du finder dig selv på udkig efter trøst i et stille hjørne, er vært for en livlig brunchsamling eller nyder en afslappet eftermiddagskaffepause, er disse omhyggeligt udvalgte bidder klar til at forvandle dit ritual til et kulinarisk skue. Fra søde delikatesser, der fortryller dine smagsløg til velsmagende lækkerier, der fanger din gane, denne kollektion spænder over hele smagsspektret og sikrer en dejlig overraskelse hver gang på siden.

Mens du fordyber dig i denne kulinariske odyssé, inviterer vi dig til at omfavne forestillingen om, at kaffe ikke bare er en drik – det er en oplevelse. Og når det parres med den perfekte bid, bliver det en opdagelsesrejse, en udforskning af smag, tekstur og den rene glæde, der er afledt af at nyde livets lækre øjeblikke. Så tag dit yndlingskrus, forbered dig på at blive inspireret, og lad os tage på denne enestående rejse gennem "De bedste snacks i kaffebaren".
Bagværk og bagværk .

BAKLAVA

1. Pistacie Baklava

INGREDIENSER:
- 3½ kop sukker
- 2½ kop vand
- 2 spsk honning
- 2 tsk citronsaft
- 1 stang kanel
- 3 hele nelliker
- ½ pund valnødder, fint malet
- ½ pund mandler, fint malet
- ½ pund pistacienødder, fint malet
- 2 tsk stødt kanel
- ½ tsk nelliker
- 1½ pund filodej
- 4 stænger usaltet smør, smeltet

INSTRUKTIONER:

a) I en gryde kombineres;

b) 3 kopper sukker med vand, honning, citronsaft, kanelstang og nelliker og lad det køle af.

c) I en stor skål kombineres nødderne, den resterende ½ kop sukker, stødt kanel og stødt nelliker. Sæt til side.

d) Rul filodej ud på en flad overflade og hold den dækket med vokspapir eller et fugtigt håndklæde.

e) Fjern 8 plader og sæt dem i køleskabet.

f) Brug en wienerbrødspensel til at pensle en 15½x11½ x 3 bradepande med smeltet smør,

g) Brug 8 plader til bunden og drys med nøddeblandingen.

h) Læg yderligere 3 plader i lag og drys med blandingen igen. Fortsæt indtil al filoen er brugt.

i) Top med 8 ark.

j) Forvarm ovnen til 300 grader F.

k) Brug en lang og meget skarp kniv til at skære baklavaen i små diamanter.

l) Først skal du lave 1 jævnt fordelt længdesnit.

m) Klip lige ned i en linje og skær diagonalt på tværs af de langsgående snit.

n) Varm det resterende smør og hæld det over toppen af baklavaen,

o) Bages i 1¼ time.

p) Fjern og hæld den afkølede sirup over hele dejen i gryden.

q) Server i dekorative kopper.

2. Oreo baklava

INGREDIENSER:
- 2 pakker afkølet filodej
- 150 g valnødder
- 150 g Oreos
- 1 spsk kanelpulver
- 250 g smør
- 200 ml vand
- 400 g granuleret sukker
- 1 spsk citronsaft

INSTRUKTIONER:
a) Forvarm ovnen til 180°C varmluft og smør bradepanden godt.
b) Læg indholdet af den første pakke filodej i bageformen.
c) Kværn valnødderne sammen med Oreos og kanelpulveret i en foodprocessor og fordel blandingen over de skiver filodej, du lige har lagt i ovnfadet.
d) Læg indholdet af den anden pakke filodej over nødde-Oreo-blandingen og skær i filodejen i bunden af bageformen.
e) Smelt smørret og hæld smørret over hele indholdet af ovnfadet og bag baklavaen midt i ovnen i 30-35 minutter, indtil den er gyldenbrun og færdig.
f) Imens laver du siruppen. Kom vand, sukker og citronsaft i en gryde og bring det i kog. Lad boble godt til alt sukkeret er smeltet.
g) Hæld sukkersiruppen over baklavaen, så snart den kommer ud af ovnen, og lad den køle helt af inden servering.

3. No-Bake Ferrero Rocher Baklava

INGREDIENSER:
- 1 kop knust Ferrero Rocher chokolade
- 1 kop finthakkede valnødder
- 1 kop finthakkede pistacienødder
- 1 kop honning
- ½ kop usaltet smør, smeltet
- ½ tsk stødt kanel
- ¼ teskefuld stødt nelliker
- 16 plader filodej, optøet

INSTRUKTIONER:
a) I en skål blandes de knuste Ferrero Rocher-chokolader, hakkede valnødder, hakkede pistacienødder, stødt kanel og stødt nelliker. Sæt til side.
b) Pensl en 9x13-tommers bageplade med smeltet smør.
c) Læg en plade filodej i bageformen og pensl den med smeltet smør. Gentag denne proces med yderligere 7 ark filodej, og pensl hvert lag med smeltet smør.
d) Drys halvdelen af Ferrero Rocher- og nøddeblandingen jævnt over filodjen.
e) Læg yderligere 4 plader filodej i lag, pensl hvert ark med smeltet smør.
f) Drys den resterende Ferrero Rocher- og nøddeblanding over filodjen.
g) Læg de resterende 4 plader filodej ovenpå, og pensl hver plade med smeltet smør.
h) Brug en skarp kniv til at skære forsigtigt baklavaen i diamant- eller firkantede stykker.
i) Dryp honningen jævnt over toppen af baklavaen.
j) Lad baklavaen sidde ved stuetemperatur i mindst 4 timer eller natten over for at lade filodejen absorbere honningen og blive blød.
k) Server Ferrero Rocher Baklava ved stuetemperatur og nyd den søde og nøddeagtige smag!

DANSKE

4. Mini Frugt Danishes

INGREDIENSER:
- 1 plade butterdej, optøet
- ½ kop flødeost, blødgjort
- 2 spsk granuleret sukker
- ½ tsk vaniljeekstrakt
- Diverse friske frugter (såsom bær, fersken i skiver eller abrikoser)
- 1 æg, pisket (til ægvask)
- Pulversukker til aftørring (valgfrit)

INSTRUKTIONER:
a) Forvarm ovnen til 400°F (200°C).
b) Rul den optøede butterdejsplade ud og skær den i små firkanter eller cirkler, cirka 3 tommer i diameter.
c) Læg kagefirkanterne eller cirklerne på en bageplade beklædt med bagepapir.
d) Bland den blødgjorte flødeost, granuleret sukker og vaniljeekstrakt i en skål, indtil det er glat.
e) Fordel en skefuld af flødeostblandingen på hver kagefirkant eller cirkel, og efterlad en lille kant rundt om kanterne.
f) Arranger de friske frugter oven på flødeosten, og skab et farverigt og tiltalende display.
g) Pensl kanterne af kagerne med pisket æg.
h) Bag i den forvarmede ovn i 15-18 minutter, eller indtil dejen er gyldenbrun og hævet.
i) Tag dem ud af ovnen og lad dem køle lidt af.
j) Drys eventuelt med pulveriseret sukker.
k) Server disse minifrugt-danskees som en dejlig og frugtig wienerbrød.

5. Cappuccino Danishes

INGREDIENSER:
- 1 ark butterdej (optøet)
- ¼ kop flødeost
- 2 spsk instant kaffe granulat
- 2 spsk pulveriseret sukker
- ¼ kop hakkede valnødder (valgfrit)
- ¼ kop chokoladechips
- 1 æg (til ægvask)

INSTRUKTIONER:

a) Forvarm din ovn til 375°F (190°C) og beklæd en bageplade med bagepapir.

b) Rul butterdejen ud og skær den i firkanter eller rektangler.

c) Bland flødeost, instant kaffegranulat og pulveriseret sukker i en lille skål, indtil det er godt blandet.

d) Fordel en skefuld kaffe-flødeostblanding på hvert stykke butterdej.

e) Drys hakkede valnødder (hvis du bruger) og chokoladestykker ovenpå.

f) Pensl kanterne af kagerne med sammenpisket æg.

g) Bages i cirka 15-20 minutter eller indtil kagerne er gyldenbrune.

h) Lad dem køle lidt af, inden du serverer din cappuccino Danishes.

CROISSANTS

6.Blåbær citron croissanter

INGREDIENSER:
- Grundlæggende croissantdej
- ½ kop blåbær
- 2 spsk granuleret sukker
- 1 spsk majsstivelse
- 1 spsk citronskal
- 1 æg pisket med 1 spsk vand

INSTRUKTIONER:
a) Rul croissantdejen ud til et stort rektangel.
b) Bland blåbær, sukker, majsstivelse og citronskal i en lille skål.
c) Fordel blåbærblandingen jævnt over dejens overflade.
d) Skær dejen i trekanter.
e) Rul hver trekant op til en croissantform.
f) Læg croissanterne på en beklædt bageplade, pensl med æg, og lad dem hæve i 1 time.
g) Forvarm ovnen til 400°F (200°C) og bag croissanterne i 20-25 minutter, indtil de er gyldenbrune.

7. Chokolade chip croissanter

INGREDIENSER:
- 1½ kop smør eller margarine, blødgjort
- ¼ kop universalmel
- ¾ kop mælk
- 2 spsk sukker
- 1 tsk salt
- ½ kop meget varmt vand
- 2 pakker Aktiv tørgær
- 3 kopper mel, usigtet
- 12 ounce chokoladechips
- 1 æggeblomme
- 1 spsk Mælk

INSTRUKTIONER:

a) Pisk smør og ¼ kop mel med en ske, til det er glat. Fordel på vokset papir i et rektangel 12x6. Afkøles. Opvarm ¾ kop mælk; rør i 2 spsk sukker, salt til at opløse.

b) Afkøl til lunken. Drys vand med gær; rør for at opløses. Med en ske pisk mælkeblandingen og 3 kopper mel i, indtil det er glat.

c) Tænd let meldrysset wienerbrød klud; ælt indtil glat. Lad hæve, tildækket, et lunt sted, fri for træk, indtil det er fordoblet - ca. 1 time. Stil på køl i ½ time.

d) Rul til et 14x14 rektangel på let meldrysset wienerbrødsklæde.

e) Læg smørblandingen på halvdelen af dejen; fjern papiret. Fold den anden halvdel over smørret; klem kanterne for at forsegle. Med folden til højre, rul fra midten til 20x8.

f) Fra den korte side, fold dejen i tredjedele, lav 3 lag; tætningskanter; afkøles i 1 time pakket ind i folie. Med fold til venstre, rul til 20x8; folde; afkøles i ½ time. Gentage.

g) Afkøl natten over. Næste dag, rul; fold to gange; chill ½ time imellem. Afkøl derefter 1 time længere.

h) Til formning: skær dejen i 4 dele. På let meldrysset wienerbrødsklud rulles hver til en 12-tommer cirkel. Skær hver cirkel i 6 skiver.

i) Drys kiler med chokoladechips -- pas på at efterlade en ½-tommers margen rundt om og ikke fylde for meget med chipsene. Rul op begyndende i den brede ende. Form til en halvmåne. Læg spidsen nedad, 2" fra hinanden på brunt papir på en bageplade.

j) Dække over; lad hæve et lunt sted, fri for træk indtil det dobbelte, 1 time.

k) Forvarm ovnen til 425. Pensl med pisket æggeblomme og bland 1 spsk mælk i. Bages i 5 minutter, og reducer derefter ovnen til 375; bages i 10 minutter mere, eller indtil croissanterne er hævede og brunede.

l) Afkøl på en rist i 10 minutter.

8.Banan eclair croissanter

INGREDIENSER:
- 4 Frosne croissanter
- 2 firkanter halvsød chokolade
- 1 spsk Smør
- ¼ kop sigtet konditorsukker
- 1 tsk varmt vand; op til 2
- 1 kop vaniljebudding
- 2 medium bananer; skåret i skiver

INSTRUKTIONER:
11. Skær frosne croissanter i halve på langs; tage afsted sammen. Opvarm frosne croissanter på en usmurt bageplade ved forvarmet 325°F. ovn 9-11 minutter.
12. Smelt chokolade og smør sammen. Rør sukker og vand i for at lave en smørbar glasur.
13. Fordel ¼ kop budding på hver croissants nederste halvdel. Top med skivede bananer.
14. Udskift croissant toppe; dryp på chokoladeglasur.
15. Tjene.

9. Nutella og banancroissanter

INGREDIENSER:
- 1 ark butterdej, optøet
- ¼ kop Nutella
- 1 banan, skåret i tynde skiver
- 1 æg, pisket
- Pulversukker, til aftørring

INSTRUKTIONER:
a) Forvarm din ovn til 400°F (200°C).
b) På en let meldrysset overflade rulles butterdejspladen ud til en 12-tommers firkant.
c) Skær firkanten i 4 mindre firkanter.
d) Fordel en spiseskefuld Nutella på hver firkant, og efterlad en lille kant rundt om kanterne.
e) Læg et par skiver banan oven på Nutellaen.
f) Rul hver firkant op fra det ene hjørne til det modsatte hjørne og danner en croissantform.
g) Læg croissanterne på en bageplade beklædt med bagepapir.
h) Pensl croissanterne med det sammenpiskede æg.
i) Bag i 15-20 minutter, til croissanterne er gyldenbrune og hævede.
j) Drys med melis før servering.

10. S'mores croissanter

INGREDIENSER:
- 1 ark butterdej, optøet
- ¼ kop Nutella
- ¼ kop mini skumfiduser
- ¼ kop graham cracker krummer
- 1 æg, pisket
- Pulversukker, til aftørring

INSTRUKTIONER:

a) Forvarm ovnen til den temperatur, der er angivet på butterdejspakken. Normalt er det omkring 375°F (190°C).

b) Fold den optøede butterdejsplade ud på en let meldrysset overflade og rul den lidt ud til en jævn tykkelse.

c) Brug en kniv eller pizzaskærer til at skære butterdejen i trekanter. Du bør få omkring 6-8 trekanter, alt efter hvilken størrelse du foretrækker.

d) Smør et tyndt lag Nutella på hver butterdejstrekant, og efterlad en lille kant rundt om kanterne.

e) Drys graham-cracker-krummer over Nutella-laget på hver trekant.

f) Læg et par mini skumfiduser oven på graham cracker krummerne, og fordel dem jævnt over trekanten.

g) Start fra den bredere ende af hver trekant og rul forsigtigt dejen op mod den spidse ende, så den danner en croissantform. Sørg for at forsegle kanterne for at forhindre fyldet i at lække ud.

h) Læg de tilberedte croissanter på en bageplade beklædt med bagepapir, og lad lidt mellemrum mellem dem udvide sig under bagningen.

i) Pensl toppen af hver croissant med det sammenpiskede æg, som giver dem en smuk gylden farve, når de er bagt.

j) Bag S'mores Croissanterne i den forvarmede ovn i cirka 15-18 minutter, eller indtil de bliver gyldenbrune og hævede.

k) Når de er bagt, tages croissanterne ud af ovnen og køles lidt af på en rist.

l) Inden servering, drys S'mores Croissanterne med pulveriseret sukker, tilføj et strejf af sødme og en attraktiv prikken over i'et.

m) Nyd dine lækre hjemmelavede S'mores Croissanter som en dejlig lækkerbisken til morgenmad, dessert, eller når som helst du har lyst til en dejlig kombination af Nutella, skumfiduser og graham-crackers.

11. Croissanter med kanelfingerbolle

INGREDIENSER:
CROISSANTDEJ:
- 500 gram universalmel
- 60 gram perlesukker
- 10 gram salt
- 7 gram aktiv tørgær
- 250 ml varm mælk
- 250 gram usaltet smør, afkølet og skåret i tynde skiver

FYLDNING:
- 100 gram usaltet smør, blødgjort
- 80 gram brun farin
- 2 tsk stødt kanel

GLIS:
- 150 gram pulveriseret sukker
- 2 spsk mælk
- 1/2 tsk vaniljeekstrakt

INSTRUKTIONER:
FORBERED CROISSANTDEJEN:
a) I en stor røreskål piskes universalmel, granuleret sukker, salt og aktiv tørgær sammen.
b) Tilsæt langsomt den varme mælk til de tørre ingredienser og bland indtil en dej dannes.
c) Ælt dejen på en meldrysset overflade i cirka 5-7 minutter, indtil den er glat og elastisk.
d) Form dejen til en kugle, dæk den med plastfolie, og lad den hvile i 15 minutter.
e) Rul dejen ud til et rektangel omkring 1/4 tomme tykt.
f) Læg de afkølede skiver usaltet smør over to tredjedele af dejen, og lad den anden tredjedel være uden smør.
g) Fold den smørsmurte tredjedel over den midterste tredjedel, og fold derefter den smørede tredjedel ovenpå. Dette kaldes en "brevfold".
h) Drej dejen 90 grader og rul den ud igen til et rektangel. Udfør endnu en bogstavfoldning.
i) Pak dejen ind i plastfolie og stil den på køl i 30 minutter.
j) Gentag rulning og foldning to gange mere, og køl dejen i 30 minutter mellem hver foldning.
k) Efter den sidste fold skal dejen stilles på køl i mindst 2 timer eller gerne natten over.

FORBERED FYLDET:
l) Bland det blødgjorte usaltede smør, brun farin og stødt kanel i en lille skål, indtil det er godt blandet. Sæt til side.
m) Form croissanterne:
n) På en let meldrysset overflade rulles croissantdejen ud til et stort rektangel, der er cirka 1/4 tomme tykt.
o) Fordel det forberedte fyld jævnt over hele overfladen af dejen.
p) Start fra den ene lange ende og rul forsigtigt dejen til en tæt bjælke.
q) Brug en skarp kniv til at skære stokken i lige store stykker, ca. 1 tomme brede hver.
r) Læg stykkerne på en bageplade beklædt med bagepapir, så der er plads nok mellem dem til udvidelse.

s) Dæk croissanterne med et rent køkkenrulle, og lad dem hæve ved stuetemperatur i 1 til 2 timer, eller indtil fordoblet størrelse.

BAG CROISSANTERNE:
t) Forvarm din ovn til 375°F (190°C).
u) Bag croissanterne i den forvarmede ovn i 15 til 20 minutter, eller indtil de bliver gyldenbrune.
v) Forbered glasuren:
w) Bland pulveriseret sukker, mælk og vaniljeekstrakt i en lille skål, indtil du får en glat glasur.
x) Ice the Croissant:
y) Når croissanterne er kølet lidt af, drypper du glasuren over toppen af hver croissant.
z) Server og nyd:
æ) Dine fingerbolle-croissanter er klar til at blive serveret! De nydes bedst friske, men du kan opbevare eventuelle rester i en lufttæt beholder ved stuetemperatur i op til 2 dage.
ø) Nyd dine dejlige hjemmelavede fingerbolle-croissanter! De kombinerer det gode ved croissanter med det søde og kanelsmagende fyld, hvilket gør dem til en perfekt fornøjelse til morgenmad eller når som helst på dagen.

12. Kanel Sukker Croissanter

INGREDIENSER:
- Grundlæggende croissantdej
- ¼ kop granuleret sukker
- 1 spsk stødt kanel
- ½ kop usaltet smør, smeltet

INSTRUKTIONER:

a) Rul croissantdejen ud til et stort rektangel.

b) Skær dejen i trekanter.

c) I en lille røreskål kombineres sukker og kanel.

d) Pensl hver croissant med smeltet smør og drys med kanelsukker.

e) Rul hver trekant op, start fra den brede ende, og form den til en halvmåne.

f) Læg croissanterne på en beklædt bageplade, og lad hæve i 1 time.

g) Forvarm ovnen til 400°F (200°C) og bag croissanterne i 20-25 minutter, indtil de er gyldenbrune.

13. Blåbær- og flødeostcroissanter

INGREDIENSER:
- Grundlæggende croissantdej
- 4 ounce flødeost, blødgjort
- ¼ kop blåbærkonserves
- 1 æg pisket med 1 spsk vand
- Pulversukker til aftørring

INSTRUKTIONER:
a) Rul croissantdejen ud til et stort rektangel.
b) Skær dejen i trekanter.
c) Kombiner flødeost og blåbærkonserves i en røreskål.
d) Fordel flødeostblandingen på den nederste halvdel af hver croissant.
e) Udskift den øverste halvdel af croissanten og tryk forsigtigt ned.
f) Læg croissanterne på en beklædt bageplade, pensl med æg, og lad dem hæve i 1 time.
g) Forvarm ovnen til 400°F (200°C) og bag croissanterne i 20-25 minutter, indtil de er gyldenbrune.
h) Drys med melis før servering.

14. Hindbær Rose Litchi Croissant

INGREDIENSER:
CROISSANTDEJ:
- 500 gram universalmel
- 50 gram granuleret sukker
- 7 gram aktiv tørgær
- 250 ml varm mælk
- 100 gram usaltet smør, blødgjort
- 1 tsk salt
- Smørblok:
- 250 gram usaltet smør, afkølet og skåret i tynde skiver

FYLDNING:
- 1 kop friske hindbær
- 1 kop litchi på dåse, drænet og hakket
- 2 spsk rosenvand
- 2 spsk granuleret sukker

GLASUR:
- 1/2 kop pulveriseret sukker
- 1 spsk rosenvand
- Friske rosenblade (valgfrit, til pynt)

INSTRUKTIONER:
FORBERED CROISSANTDEJEN:
a) I en stor røreskål piskes universalmel, granuleret sukker og aktiv tørgær sammen.
b) Tilsæt langsomt den varme mælk til de tørre ingredienser og bland indtil en dej dannes.
c) Ælt dejen på en meldrysset overflade i cirka 5-7 minutter, indtil den er glat og elastisk.
d) Form dejen til en kugle, dæk den med plastfolie, og lad den hvile i 15 minutter.

INDLÆG SMØRBLOKKEN:
e) På en meldrysset overflade rulles det blødgjorte usaltede smør ud til et 6x10-tommers rektangel.
f) Læg smørblokken over to tredjedele af dejen, og lad den anden tredjedel være uden smør.
g) Fold den smørsmurte tredjedel over den midterste tredjedel, og fold derefter den smørede tredjedel ovenpå. Dette kaldes en "brevfold".
h) Drej dejen 90 grader og rul den ud igen til et rektangel. Udfør endnu en bogstavfoldning.
i) Pak dejen ind i plastfolie og stil den på køl i 30 minutter.
j) Gentag rulning og foldning to gange mere, og køl dejen i 30 minutter mellem hver foldning.
k) Efter den sidste fold skal dejen stilles på køl i mindst 2 timer eller gerne natten over.

FORBERED FYLDET:
l) Bland forsigtigt de friske hindbær, hakket litchi, rosenvand og granuleret sukker i en skål. Stil fyldet til side.

FORM CROISSANTERNE:
m) På en let meldrysset overflade rulles croissantdejen ud til et stort rektangel, der er cirka 1/4 tomme tykt.
n) Skær dejen i trekanter ved at lave diagonale snit omkring 4-5 tommer brede i bunden af rektanglet.
o) Læg en skefuld hindbærrose-lycheefyld i bunden af hver trekant.
p) Start fra bunden og rul forsigtigt hver trekant op mod spidsen for at danne croissanter.

q) Læg croissanterne på en bageplade beklædt med bagepapir, så der er plads nok mellem dem til udvidelse.

r) Dæk croissanterne med et rent køkkenrulle, og lad dem hæve ved stuetemperatur i 1 til 2 timer, eller indtil fordoblet størrelse.

FORVARM OG GLASUR:

s) Forvarm din ovn til 375°F (190°C).

t) I en lille skål blandes pulveriseret sukker og rosenvand for at lave glasuren.

BAG HINDBÆRROSE LYCHICROISSANTERNE:

u) Pensl de hævede croissanter med glasuren, gem lidt glasur til senere.

v) Bag croissanterne i den forvarmede ovn i 15 til 20 minutter, eller indtil de bliver gyldenbrune.

GLASUR IGEN OG PYNT:

w) Tag croissanterne ud af ovnen og pensl dem med den resterende glasur.

x) Hvis det ønskes, pynt croissanterne med friske rosenblade for et ekstra strejf af elegance.

15. Blåbær croissanter

INGREDIENSER:
- Grundlæggende croissantdej
- 1 kop friske blåbær
- ¼ kop granuleret sukker
- 1 spsk majsstivelse
- 1 æg pisket med 1 spsk vand

INSTRUKTIONER:
a) Rul croissantdejen ud til et stort rektangel.
b) Bland blåbær, sukker og majsstivelse i en lille skål.
c) Fordel blåbærblandingen jævnt over dejens overflade.
d) Skær dejen i trekanter.
e) Rul hver trekant op til en croissantform.
f) Læg croissanterne på en beklædt bageplade, pensl med æg, og lad dem hæve i 1 time.
g) Forvarm ovnen til 400°F (200°C) og bag croissanterne i 20-25 minutter, indtil de er gyldenbrune.

16. Hindbær croissanter

INGREDIENSER:
- Grundlæggende croissantdej
- 1 kop friske hindbær
- ¼ kop granuleret sukker
- 1 æg pisket med 1 spsk vand

INSTRUKTIONER:

a) Rul croissantdejen ud til et stort rektangel.
b) Skær dejen i trekanter.
c) Læg friske hindbær på hver croissant.
d) Drys perlesukker over hindbærene.
e) Rul hver trekant op, start fra den brede ende, og form den til en halvmåne.
f) Læg croissanterne på en beklædt bageplade, og lad hæve i 1 time.
g) Forvarm ovnen til 400°F (200°C), og bag croissanterne i 20-25 minutter, indtil de er gyldenbrune.

SHORTBRAD COOKIES

17. Mandel sandkage cookies

INGREDIENSER:
- 1 kop mel, til alle formål
- ½ kop majsstivelse
- ½ kop sukker, pulveriseret
- 1 kop mandler, fint hakkede
- ¾ kop smør; blødgjort

INSTRUKTIONER:

a) Kombiner mel, majsstivelse og pulveriseret sukker; rør mandler i. Tilsæt smør; blend med en træske til en blød dej.

b) Form dejen til små kugler. Placer på usmurt bagepapir; flad hver kugle med let meldrysset gaffel. Bages ved 300 grader i 20 til 25 minutter, eller indtil kanterne kun er let brunede.

c) Afkøl før opbevaring.

18. Brown sugar shortbread cookies

INGREDIENSER:
- 1 kop usaltet smør; stuetemperatur
- 1 kop pakket lys brun farin
- 2 kopper universalmel
- ¼ tsk salt
- 1 spsk sukker
- 1 tsk stødt kanel

INSTRUKTIONER:
a) Forvarm ovnen til 325 grader. Smør let 9" springform. Brug en elektrisk røremaskine til at piske 1 kop smør i en større skål, indtil det er let og luftigt.
b) Tilsæt brun farin og pisk godt. Brug en gummispatel til at blande mel og salt i (må ikke overblandes). Tryk dejen i den forberedte gryde. Bland sukker og kanel i en lille skål. Drys kanelsukker over dejen. Skær dejen i 12 kiler, brug linealen som guide og skær gennem dejen. Gennembor hver kile flere gange med tandstikker.
c) Bages indtil sandkager er brune, faste i kanterne og lidt bløde i midten, cirka 1 time. Afkøl sandkager helt i gryde på rist. Fjern pandens sider.

19.Småkager med frugt

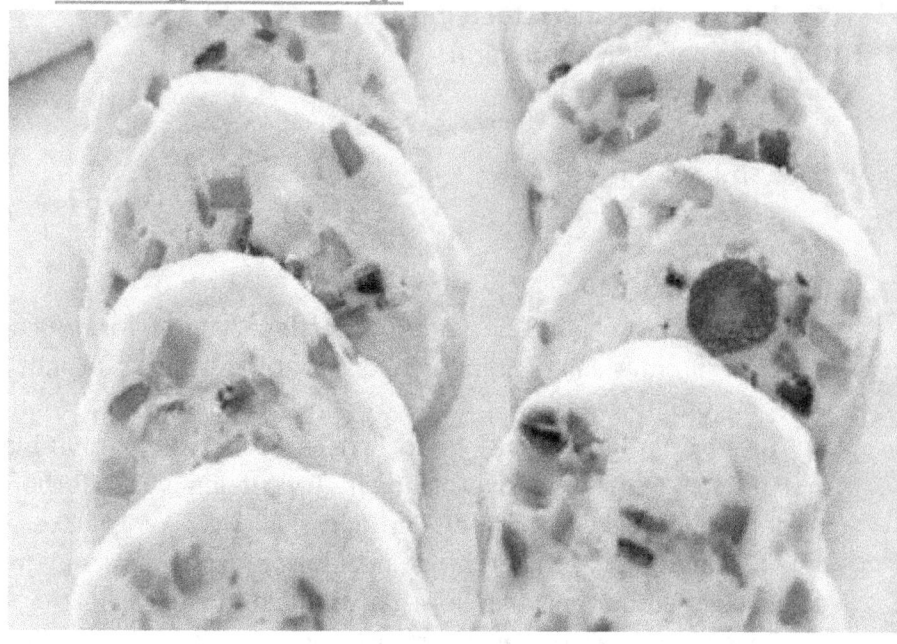

INGREDIENSER:
- 2½ kop mel
- 1 tsk fløde tatar
- 1½ kop konditorsukker
- 19 oz. æske Ingen sådan hakket kød
- 1 tsk vanilje
- 1 tsk bagepulver
- 1 kop smør, blødgjort
- 1 æg

INSTRUKTIONER:

a) Forvarm ovnen til 375F. 2. Bland mel, sodavand og fløde af tandsten.

b) I en stor skål piskes smør og sukker til det er luftigt. Tilsæt æg.

c) Rør vanilje og smuldret fars i.

d) Tilsæt tørre ingredienser. Bland godt - dejen bliver stiv.

e) Rul til 1¼" kugler. Læg dem på en usmurt bageplade, flad lidt.

f) Bag 10-12 minutter eller indtil let brun.

g) Dæk med en glasur af konditorsukker, mælk og vanilje, mens den stadig er varm.

20.Lavendel sandkager

INGREDIENSER:
- ½ kop usaltet smør ved stuetemperatur
- ½ kop konditorsukker usigtet
- 2 teskefulde tørrede lavendelblomster
- 1 tsk knuste tørrede mynteblade
- ⅛ teskefuld kanel
- 1 kop usigtet mel

INSTRUKTIONER:
a) Forvarm ovnen til 325 F. Forbered en 8" firkantet bradepande ved at beklæde den med aluminiumsfolie og belægge folien let med en vegetabilsk oliespray.
b) Flød smørret til det er lyst og luftigt. Rør sukker, lavendel, grøn mynte og kanel i. Arbejd melet i og blend indtil blandingen er smuldrende. Skrab det ned i den forberedte gryde og spred det jævnt, tryk let for at komprimere det jævnt.
c) Bages 25 til 30 minutter, eller indtil let gyldne rundt om kanterne.
d) Løft forsigtigt både folie og sandkage ud af gryden på en skæreflade. Skær stængerne i skiver med en savtakket kniv.
e) Overfør til en rist for at køle helt af. Opbevares i en tætsluttende dåse.

21. Mokka sandkager

INGREDIENSER:
- 1 tsk Nescafe Classic instant kaffe
- 1 tsk kogende vand
- 1 pakke (12 oz) Nestle Toll House halvsøde chokoladestykker; delt op
- ¾ kop smør; blødgjort
- 1¼ kop sigtet konditorsukker
- 1 kop universalmel
- ⅓ tsk salt

INSTRUKTIONER:
a) Forvarm ovnen til 250 grader. Opløs Nescafe Classic instant kaffe i en kop i kogende vand; sæt til side. Smelt over varmt (ikke kogende) vand, 1 kop Nestle Toll House halvsøde chokoladestykker; rør indtil glat.
b) Fjern fra varmen; sæt til side. I en stor skål kombineres smør, konditorsukker og kaffe; pisk indtil glat. Bland gradvist mel og salt i.
c) Rør smeltede stykker i. Rul dejen mellem to stykker vokspapir til 3/16-tommers tykkelse. Fjern det øverste lag; skær småkager ud med en 2-½ tommer kagedåse. Fjern fra voksbehandlet papir og læg på usmurte bageplader. Bages ved 250 grader i 25 minutter. Afkøl helt på rist.
d) Smelt over varmt (ikke kogende) vand, resterende 1 kop Nestle Toll House semi-søde chokoladestykker; rør indtil glat. Fordel en let afrundet teskefuld smeltet chokolade på den flade side af kagen; top med anden cookie. Gentag med de resterende cookies.
e) Chill indtil sæt. Lad stå ved stuetemperatur 15 minutter før servering.

22. Peanut shortbread cookies

INGREDIENSER:

- 250 milliliter smør; Usaltet, blødgjort
- 60 milliliter cremet jordnøddesmør
- 1 stort hvidt æg; Adskilt
- 5 milliliter vaniljeekstrakt
- 325 milliliter universalmel
- 250 milliliter gammeldags valset havre
- 60 milliliter hvedekim
- 250 milliliter saltede tørristede jordnødder; fint hakket
- 250 milliliter lysebrun sukker; fast pakket

INSTRUKTIONER:

a) I en røreskål med en elektrisk mixer flød smør, jordnøddesmør, sukker sammen, og pisk derefter æggeblomme og vaniljeekstrakt i.

b) Tilsæt mel, havre og hvedekim og pisk blandingen, indtil den netop er blandet. Fordel dejen jævnt i en smurt gelérullepande, 15-½ x 10-½ x 1 tomme (40 x 27 x 2½ cm), udjævn toppen, fordel æggehvide, pisket let, over dejen, og drys derefter jordnødder jævnt over den.

c) Bag blandingen midt i en forvarmet 300 F (150 C) ovn i 25 til 30 minutter, eller indtil toppen er gyldenbrun.

d) Overfør gryden til en rist til afkøling. Mens blandingen stadig er VARM, skæres i små jævne firkanter og småkagerne køle helt af i gryden.

23. Krydrede sandkager

INGREDIENSER:
- 1 kop Margarine, blødgjort
- ⅔ kop sigtet pulveriseret sukker
- ½ tsk stødt muskatnød
- ½ tsk stødt kanel
- ½ tsk stødt ingefær
- 2 kopper universalmel

INSTRUKTIONER:
a) Flødesmør; gradvist tilføje sukker, pisk ved medium hastighed af en elektrisk mixer indtil lys og luftig. Tilsæt krydderier, og pisk godt.
b) Rør mel i. Dejen bliver stiv. Form dejen til 1 1$ tommer kugler, og læg 2 tommer fra hinanden på let smurte bageplader. Tryk let på cookies med et meldrysset cookiestempel eller gaffel for at flade til ¼ tomme tykkelse. Bages ved 325 grader i 15 til 18 minutter eller indtil de er færdige. Lad afkøle på rist.

24. Pecan sandkager

INGREDIENSER:
- ¾ pund smør
- 1 kop konditorsukker
- 3 kopper mel, sigtet
- ½ tsk salt
- ½ tsk vanilje
- ¼ kop sukker
- ¾ kop pekannødder, fint hakkede

INSTRUKTIONER:
a) Flød smør og konditorsukker sammen til det er lyst.
b) Sigt mel og salt sammen og tilsæt til cremet blanding. Tilsæt vanilje og blend grundigt. Tilsæt pekannødder.
c) Saml dejen til en kugle, pak den ind i vokspapir, og afkøl den, indtil den er fast.
d) Rul den afkølede dej ud til ½" tykkelse. Brug en kageudstikker til at skære småkager ud. Drys toppe med granuleret sukker. Placer udskårne småkager på en smurt bageplade og stil på køl i 45 minutter før bagning.
e) Forvarm ovnen til 325F.
f) Bages i 20 minutter eller indtil lige begyndt at farve let; cookies skal slet ikke brune. Afkøl på rist.

25.Oregon hasselnød shortbread cookies

INGREDIENSER:
- 1 kop ristede Oregon hasselnødder
- ¾ kop smør; afkølet
- ¾ kop sukker
- 1½ kop ubleget mel

INSTRUKTIONER:
a) Kværn ristede hasselnødder i en foodprocessor til en groft maling. Tilsæt smør og sukker og bearbejd grundigt. Anbring nødder, smør og sukkerblanding i røreskålen, og tilsæt mel (½ kop ad gangen) og bland hver tilsætning fuldstændigt. Bland blandingen til en kugle.
b) Lav 1-½-tommer kugler og læg dem på en non-stick-bageplade med en afstand på ca.
c) Bages ved 350 grader i 10-12 minutter. Stil resten af dejen på køl, indtil den skal bages.

SCONES

26. Cappuccino scones

INGREDIENSER:
- 2 kopper universalmel
- ¼ kop granuleret sukker
- 2 spsk instant kaffe granulat
- 1 spsk bagepulver
- ½ tsk salt
- ½ kop koldt usaltet smør i tern
- ½ kop tung fløde
- ¼ kop stærk brygget kaffe, afkølet
- 1 tsk vaniljeekstrakt
- ½ kop halvsød chokoladechips (valgfrit)
- 1 æg (til ægvask)
- Groft sukker (til at drysse, valgfrit)

INSTRUKTIONER:

a) Forvarm din ovn til 400°F (200°C) og beklæd en bageplade med bagepapir.

b) I en stor røreskål piskes mel, granuleret sukker, instant kaffegranulat, bagepulver og salt sammen.

c) Tilsæt det kolde smør i tern til de tørre ingredienser. Brug en kagekniv eller fingrene til at arbejde smørret ind i den tørre blanding, indtil det ligner grove krummer.

d) Kombiner den tunge fløde, brygget kaffe og vaniljeekstrakt i en separat skål.

e) Hæld de våde ingredienser i den tørre blanding og rør, indtil de netop er blandet. Hvis det ønskes, fold de halvsøde chokoladechips i.

f) Vend dejen ud på en meldrysset overflade og ælt den forsigtigt et par gange, indtil den samler sig.

g) Klap dejen til en cirkel, der er cirka 1 tomme tyk. Skær cirklen i 8 skiver.

h) Læg sconesene på den forberedte bageplade. Pisk ægget og pensl det over toppen af sconesene. Drys med groft sukker, hvis du bruger.

i) Bag dem i den forvarmede ovn i 15-18 minutter, eller indtil sconesene er gyldenbrune, og en tandstik, der stikkes i midten, kommer ren ud.

j) Lad cappuccino sconesene køle af på en rist inden servering.

27. Kanel kaffe scones

INGREDIENSER:
- 2 kopper selvhævende mel
- 2 tsk kanel
- 6 spiseskefulde sukker
- ¾ kop usaltet smør
- 2 æg
- ¼ kop Stærkbrygget Folgers kaffe
- ¼ kop mælk
- ½ kop gyldne rosiner
- ½ kop hakkede pekannødder
- Ekstra mælk og sukker til toppings

INSTRUKTIONER:

a) Rør mel, kanel og sukker sammen. Skær smørret i spiseskestykker og blend i den tørre blanding.

b) Bland æg, kaffe og mælk. Rør i den tørre blanding til en blød dej. Rør frugt og nødder i. Vend ud på et meldrysset bord og dup forsigtigt til en cirkel af dej ca. ½" tyk. Skær rundinger ud med en meldrysset kiksefræser og læg dem på en smurt bageplade.

c) Pensl forsigtigt toppene med mælk og bag dem i en forvarmet 400 F. ovn i 12-15 minutter eller indtil de er gyldenbrune. Serveres varm.

28. Matcha grøn te scones

INGREDIENSER:
TIL MATCHA SCONES:
- 2 kopper glutenfri 1:1 mel med xanthangummi
- 2 tsk bagepulver
- 2 spsk matcha pulver
- ½ tsk salt
- 3 spsk smeltet kokosolie
- 5 spsk usødet plantemælk
- ⅓ kop ren ahornsirup
- 1 tsk ren vaniljeekstrakt eller mandelekstrakt
- ⅓ kop veganske hvide chokoladechips (valgfrit)

TIL GLASUREN:
- ½ kop vegansk konditorsukker
- 1-2 spsk usødet plantemælk eller vand

INSTRUKTIONER:
AT LAVE SCONES:

a) Forvarm ovnen til 350 grader Fahrenheit og beklæd en stor bageplade med bagepapir. Læg det til side.

b) Kombiner glutenfrit mel, bagepulver, matcha-pulver og salt i en stor røreskål. Rør indtil de er ensartet blandet.

c) Tilsæt den smeltede kokosolie, plantemælk, ahornsirup og vaniljeekstrakt til skålen. Rør, indtil der dannes en tyk, smuldrende blanding. Det skal have en tekstur af vådt, klumpet sand. Hvis det ønskes, fold hvide chokoladechips i.

d) Brug dine rene hænder til at forme blandingen til én stor kugle. Hvis den er for smuldrende, så tilsæt 1-2 spsk plantemælk, indtil den er lige våd nok til at danne en kugle. Prøv ikke at overanstrenge dejen.

e) Placer dejkuglen på den forberedte bageplade og flad den til en 8-tommer cirkel ved hjælp af dine hænder eller en kagerulle.

f) Brug en kniv til at skære cirklen af dej i 8 lige store trekanter (tænk på det som at skære en pizza eller tærte). Placér trekanterne 1-2 centimeter fra hinanden på bagepladen.

g) Bag sconesene i 14-18 minutter eller til de er hævet lidt og kanterne er faste. Tag dem ud af ovnen og lad dem køle af i 5 minutter på bagepladen, inden de flyttes over på en rist.

AT LAVE GLASUREN:

h) I en lille til mellemstor skål kombineres den veganske konditorsukker med 1 spsk plantemælk. Juster konsistensen efter behov ved at tilføje mere sukker for tykkelse eller mere mælk for at gøre den tyndere. Glasuren skal være tynd nok til at dryppe en ske af, men ikke flydende.

i) Når sconesene er helt afkølede, brug en ske til at dryppe glasuren over toppen af sconesene. God fornøjelse!

29. Earl Grey Tea Scones

INGREDIENSER:
TIL SCONES:
- 2 kopper universalmel
- ¼ kop granuleret sukker
- 1½ tsk bagepulver
- ¼ tsk salt
- 6 teposer Earl Grey Tea (1 tepose svarer til 1 teskefuld)
- ½ kop mælk (kan bruge halv og halv, fløde eller kærnemælk)
- 6 spsk usaltet smør (meget koldt)
- 1 stort æg
- 1 tsk ren vaniljeekstrakt

TIL SCONE GLASUREN:
- 1 kop pulveriseret sukker
- 2 tsk mælk (kan bruge fløde)
- ½ tsk ren vaniljeekstrakt
- 1 spsk tørret lavendel (valgfrit)

INSTRUKTIONER:
SÅDAN LAVES EARL GREY SCONES:
a) Forvarm ovnen til 400°F.
b) Mål mel, sukker, bagepulver og salt i en stor røreskål. Åbn Earl Grey teposerne og tilsæt den tørre te til melblandingen. Bland godt for at kombinere.
c) I en lille skål piskes æg, mælk og vanilje sammen.
d) Brug en ostehøvl eller en skrællekniv til at skære det meget kolde smør i melskålen. Brug en kagekniv eller to knive til at inkorporere smørret i melblandingen, indtil du opnår krummer på størrelse med ærter.
e) Tilsæt de våde ingredienser til de tørre ingredienser og bland indtil blandingen er fugtet og danner en dejkugle.
f) Hæld dejen ud på en meldrysset ren overflade og form den til en kugle med hænderne. Rul dejen ud til en 8-tommer cirkel med en kagerulle til cirka en kvart tomme tykkelse. Alternativt kan du bruge dine hænder til at forme dejen til en cirkel.
g) Skær dejen i 8 trekanter ved hjælp af en skarp kniv eller en bænkskraber og overfør sconesene til en bagepapirbeklædt bradepande, så der er plads mellem hvert stykke.
h) Bages i cirka 15-20 minutter eller indtil kanterne er gyldenbrune.
i) Lad sconesene hvile og læg dem derefter på en rist. Mens de stadig er lidt varme, kan du toppe dem med glasur, hvis det ønskes.
SÅDAN LAVER DU SCONE-GLASEN:
j) Tilsæt alle glasurens ingredienser i en lille skål og bland indtil glat. Dryp glasuren over sconesene, når de er afkølet.
k) Hvis du bruger lavendel, kan du tilføje den til glasuren eller drysse den oven på glasuren.

30. Fødselsdagskage Scones

INGREDIENSER:
TIL SCONES:
- 2 kopper universalmel
- ¼ kop granuleret sukker
- 2 tsk bagepulver
- ½ tsk salt
- ½ kop usaltet smør, koldt og i tern
- ½ kop kærnemælk
- 1 tsk vaniljeekstrakt
- ¼ kop farverigt drys

TIL GLASUREN:
- 1 kop pulveriseret sukker
- 2 spsk mælk
- ½ tsk vaniljeekstrakt
- Yderligere drys til pynt (valgfrit)

INSTRUKTIONER:

a) Forvarm din ovn til 200°C (400°F) og beklæd en bageplade med bagepapir.
b) I en stor røreskål piskes mel, perlesukker, bagepulver og salt sammen.
c) Tilsæt det kolde smør i tern til de tørre ingredienser. Brug en kagekniv eller fingrene til at skære smørret i melblandingen, indtil det ligner grove krummer.
d) I en separat skål piskes kærnemælk og vaniljeekstrakt sammen.
e) Hæld gradvist kærnemælksblandingen i de tørre ingredienser, under omrøring, indtil den netop er blandet.
f) Fold forsigtigt det farverige drys i, pas på ikke at overblande og miste de levende farver.
g) Hæld dejen over på en let meldrysset overflade. Form den til en cirkel eller rektangel, cirka 1 tomme tyk.
h) Brug en skarp kniv eller en konditor til at skære dejen i terninger eller firkanter, afhængigt af din foretrukne form og størrelse.
i) Læg sconesene på den forberedte bageplade, så der er lidt mellemrum mellem hver scones.
j) Bag sconesene i den forvarmede ovn i cirka 15-20 minutter, eller til de er gyldenbrune og gennemstegte.
k) Mens sconesene bager, forbereder du glasuren. Pisk pulveriseret sukker, mælk og vaniljeekstrakt i en røreskål, indtil det er glat og cremet.
l) Når sconesene er færdigbagte, tager du dem ud af ovnen og lader dem køle af på en rist i et par minutter.
m) Dryp glasuren over de varme scones, så det drypper ned ad siderne.
n) Valgfrit: Drys yderligere farverigt drys oven på glasuren for et ekstra festligt præg.
o) Lad glasuren sætte sig et par minutter, inden du serverer fødselsdagskagescones.

31. Funfetti Scones

INGREDIENSER:
TIL SCONES:
- 1½ kop universalmel
- 1½ dl kagemel
- ½ kop sukker
- 1 tsk salt
- 1 spsk bagepulver
- 1½ spsk vaniljeekstrakt
- 1 ½ kop tung fløde plus ¼ kop til børstning af scones
- ½ kop drys

TIL GLASUREN:
- 1 kop pulveriseret sukker
- 1 tsk vaniljeekstrakt
- ½ tsk mandelekstrakt
- 4 spsk tung fløde

INSTRUKTIONER:

a) Forvarm din ovn til 425°F. Beklæd en bageplade med bagepapir og stil den til side.

b) I en stor skål kombineres universalmel, kagemel, sukker, salt, bagepulver og drys. Rør de tørre ingredienser, indtil de er godt blandet.

c) Tilsæt den tunge fløde og vaniljeekstrakt til den tørre blanding. Rør indtil ingredienserne er helt blandet. Hvis blandingen virker for tør, tilsæt et strejf fløde. Hvis det er for vådt, tilsæt en spiseskefuld mel.

d) Når din dej er blandet grundigt, overføres den til en let meldrysset overflade. Brug dine hænder til at klappe dejen til et ¾-tommer tykt rektangel.

e) Skær dejen i trekanter, eller du kan bruge en kikseudstikker til at forme sconesene. Det lykkedes mig at få omkring 20 trekanter ud af dejen.

f) Læg sconesene på den forberedte bageplade. Pensl toppen af sconesene med lidt kraftig creme. Sæt derefter bagepladen i køleskabet i 15 minutter. Denne hvileperiode giver dejen mulighed for at slappe af og hæve.

g) Bag sconesene i den forvarmede ovn i cirka 15 minutter, eller indtil kanterne er smukt gyldenbrune og sconesene er gennemstegte. Når de er færdige, tages de ud af ovnen og overføres til en rist. Lad dem køle af i 10 minutter.

h) Mens sconesene afkøles, forbereder du glasuren. Pisk pulveriseret sukker, vaniljeekstrakt, mandelekstrakt og tung fløde sammen. Tilpas konsistensen efter behov: hvis den er for tyk, tilsæt mere fløde, og hvis den er for tynd, bland mere flormelis i.

i) Afslut med at dryppe glasuren over sconesene og tilføje ekstra drys for et dejligt touch. Nyd dine Funfetti Scones!

32.Hjerteformede Sweetheart Scones

INGREDIENSER:
TIL SCONES:
- 2 spsk varmt vand (ikke varmt)
- 1 spsk aktiv tørgær
- 1 tsk granuleret sukker
- 2 ¾ kopper universalmel
- ¼ kop sukker
- 3 tsk bagepulver
- 1 tsk salt
- 1 kop kold afkortning
- ⅞ kop sødmælk
- 1 tsk vaniljeekstrakt

TIL ÆGVASK OG SUKKERTOPPING:
- 1 æggehvide
- 2 spsk koldt vand
- 2 spsk mousserende hvidt sukker eller lyserødt pyntesukker

INSTRUKTIONER:

a) Begynd med at forvarme din ovn til 375°F/191°C og beklæd en bageplade med bagepapir.

b) I en lille glasskål kombineres varmt vand med aktiv tørgær og 1 tsk granuleret sukker. Lad gærblandingen hæve i cirka 10 minutter, eller indtil den danner en svamp, der er cirka fire gange størrelsen af den originale blanding.

c) I en stor skål sigtes universalmel, sukker, bagepulver og salt sammen.

d) Skær den kolde fedtstof i små tern, og brug en konditorblender eller en gaffel til at inkorporere fedtstoffet i blandingen, indtil det ligner krummer med store ærtestore klumper. Vær forsigtig med ikke at overanstrenge blandingen; der vil stadig være pletter af tørre ingredienser.

e) Lav en brønd i midten af krummeblandingen og tilsæt al mælken, vaniljeekstrakten og gærblandingen. Fold forsigtigt blandingen, indtil den knap er fugtet og danner en dej. Der kan stadig være store stykker tørt mel. Brug hælen på din håndflade til at trykke ned og henover blandingen flere gange, indtil den kommer sammen.

f) Drys eller sigt cirka 2 spiseskefulde mel på en arbejdsflade dækket med pergament.
g) Form dejen til en glat kugle og læg den på den forberedte arbejdsflade.
h) Klap eller rul dejen til en højde af ¾". Brug en op-og-ned-bevægelse til at skære sconesene ved hjælp af en 2 ½" hjerteformet udskærer. Dyp skæreren i mel mellem udskæringerne for at hjælpe med processen. Saml eventuel dej skraber, reformer dem og skær igen.
i) Arranger sconesene på en bageplade beklædt med bagepapir med et mellemrum på 2" mellem dem.
j) Placer bagepladen et lunt sted, og lad sconesene hæve i 30 minutter, eller indtil de er næsten fordoblet i højden og når omkring 1 ¼" høje. Mens sconesene hæver, forvarm ovnen til 375°F/191°C.
k) Pisk æggehviden og 2 spsk koldt vand sammen til det er skummende og godt blandet. Pensl toppen af sconesene med æggehvidedejvask og drys dem med mousserende sukker.
l) Bag sconesene i 8 til 14 minutter, eller indtil de er sat, og kanterne er let brunede. Overfør derefter sconesene fra bagepladen til køleristene.

33. Cadbury Creme Egg Scones

INGREDIENSER:
- 8 Cadbury Creme-æg i almindelig størrelse
- 3 ¼ kopper universalmel
- ¼ kop granuleret sukker
- ¼ kop pakket brun farin
- 1 spsk plus 1 tsk bagepulver
- ¼ tsk kanel
- ¼ tsk salt
- 3 spsk koldt smør i tern
- 2 kopper kold kraftig piskefløde
- Råsukker eller nonpareils med påsketema (valgfrit)

INSTRUKTIONER:
a) Start med at fjerne folieindpakningen fra hvert Cadbury Creme Egg. Hak dem groft med en skarp kniv, selvom det kan blive lidt klistret. Overfør de hakkede æg til en pande eller tallerken med bagepapir eller vokspapir, og tryk dem i et jævnt lag. Stil gryden i fryseren i 1-2 timer, eller indtil de hakkede æg og det klistrede fyld er faste.
b) Forvarm din ovn til 375 grader F. Beklæd en bageplade med bagepapir eller brug en bagesten (uden foring), hvis det foretrækkes.
c) I en stor røreskål piskes universalmel, granuleret sukker, brun farin, bagepulver, kanel og salt sammen. Skær det kolde smør i melblandingen ved hjælp af en kagekniv eller to knive, indtil det ligner grove krummer.
d) Tag Cadbury Creme Eggs ud af fryseren og overfør dem til et skærebræt. Skær æggene i små stykker igen. Tilsæt dem til melblandingen og rør rundt til belægning.
e) Hæld den kolde tunge piskefløde i skålen på én gang, og rør derefter forsigtigt med en træske, indtil ingredienserne lige er fugtede. Vend dejen ud på en let meldrysset overflade eller kagemåtte og ælt den meget forsigtigt, indtil der dannes en dej. Undgå overblanding; dejen skal have et let revnet og tørt udseende.
f) Klap forsigtigt dejen til en ¾ til 1-tommer tyk plade. Brug en 2 ½ til 3 ½-tommer kikseskærer eller et rundt glas, skær dejen i runde stykker og overfør dem til bagepladen eller stenen, med en afstand på 2 tommer fra hinanden. Drys med råsukker eller dyp toppen af hver runde i en skål med nonpareils, hvis det ønskes.
g) Bages i 18 til 22 minutter, eller indtil sconesene får en dejlig gylden nuance. Server dem lune eller ved stuetemperatur. Opbevar eventuelle rester i en lufttæt beholder i op til 3 dage.
h) Nyd disse Cadbury Creme Egg Scones som en dejlig, finurlig morgenmadsgodbid, der er perfekt til at fejre påske eller enhver dag, hvor du har lyst til en smule sødme.

34. Passionsfrugt scones

INGREDIENSER:
- 2 kopper universalmel
- ⅓ kop sukker
- 1 spsk bagepulver
- ½ tsk salt
- ½ kop usaltet smør, afkølet og skåret i tern
- ⅔ kop passionsfrugtkød
- ½ kop tung fløde

INSTRUKTIONER:

a) Forvarm ovnen til 400°F.

b) I en røreskål kombineres mel, sukker, bagepulver og salt.

c) Tilsæt det afkølede smør og brug en konditorblender eller dine hænder til at skære smørret i de tørre ingredienser, indtil blandingen er smuldrende.

d) Tilsæt passionsfrugtmasse og tung fløde under omrøring, indtil dejen samles.

e) Vend dejen ud på en meldrysset overflade og dup den til en cirkel.

f) Skær dejen i 8 skiver

g) Læg sconesene på en bageplade beklædt med bagepapir.

h) Bages i 18-20 minutter eller indtil de er gyldenbrune.

i) Serveres lun med smør og ekstra passionsfrugtkød.

35.Kokos og ananas scones

INGREDIENSER:
SCONES:
- 2 kopper bageblanding
- 1 tsk bagepulver
- ¼ kop usaltet smør, fast, skåret i små stykker
- 2 ounce flødeost
- ½ kop engle-type kokosnød
- ½ kop macadamianødder, hakket
- Sukkererstatning til lige ⅓ kop sukker
- ⅓ kop Carb Countdown Dairy Beverage
- 1 stort æg, pisket
- 1 tsk ananasekstrakt
- 1 spsk tung fløde til drysning

ENGEL TYPE KOKOSNØD:
- ½ kop usødet strimlet kokosnød
- 1½ spsk. kogende vand
- Sukkererstatning til 2 teskefulde. af sukker

INSTRUKTIONER:
ENGEL TYPE KOKOSNØD:
a) Læg kokos i en lille skål. Hæld kogende vand og sødemiddel over og rør rundt, indtil kokosen er godt fugtet.
b) Læg et stykke plastfolie over skålen og lad det stå i 15 minutter.
SCONES:
c) Forvarm ovnen til 400 grader. Beklæd en bageplade med bagepapir.
d) Pisk en teskefuld bagepulver i en bageblanding i en mellemstor skål.
e) Skær smør og flødeost i Bagemix, indtil blandingen ligner grove krummer. Rør kokos og macadamianødder i.
f) Bland mælk, æg, sukkererstatning og ananasekstrakt i en separat skål.
g) Tilsæt den våde blanding til det tørre og rør, indtil der dannes en blød dej (den bliver klistret).
h) Vend dejen ud på en overflade, der er let støvet med Bagemix.
i) Rul forsigtigt dejen til belægning. Ælt let 10 gange.
j) Klap dejen til en 7" cirkel på den bagepapirbeklædte bageplade. Hvis dejen er for klistret, dæk den til med et stykke plastfolie og form derefter en cirkel. Pensl toppen med fløde. Skær i 8 terninger, men undlad at adskille.
k) Bages i 15 til 20 minutter eller indtil de er gyldenbrune. Fjern fra ovnen. Vent 5 minutter, og skær derefter forsigtigt kilerne ad langs rillerne. Serveres varm.

36.Pink Lemonade Scones

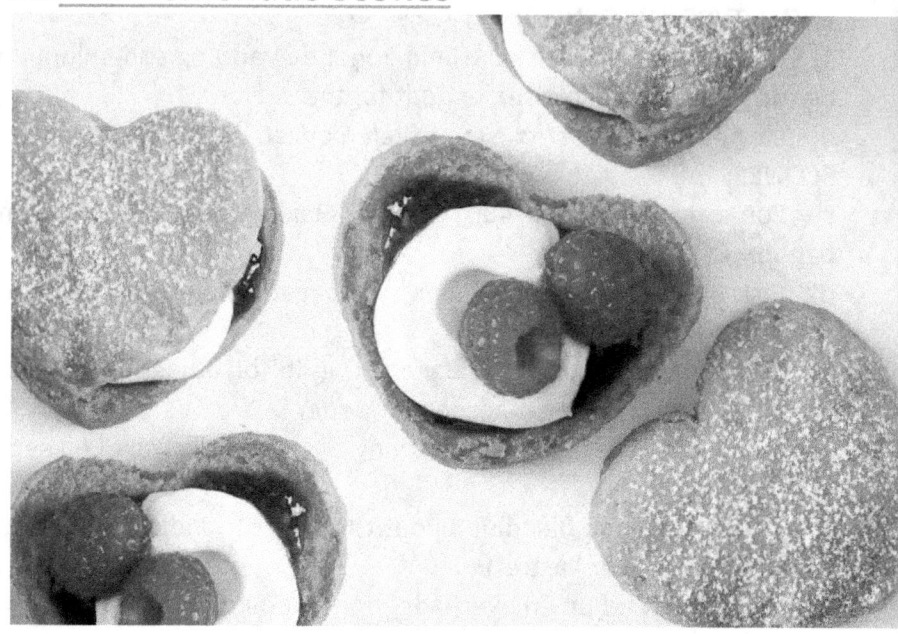

INGREDIENSER:
- 1 kop tung fløde
- 1 kop limonade
- 6 dråber pink madfarve
- 3 kopper selvhævende mel
- 1 knivspids salt
- marmelade, at servere
- fløde, til servering

INSTRUKTIONER:
a) Forvarm ovnen til 450°F
b) Læg alle ingredienser i en skål. Bland let indtil kombineret.
c) Skrab ud på en meldrysset overflade.
d) Ælt let og form dejen til en tykkelse på ca.
e) Brug derefter en rund udskærer til at skære sconesene ud.
f) Læg dem på en smurt bageplade og pensl toppen med lidt mælk.
g) Bages i 10-15 minutter eller indtil toppen er brunet.
h) Server med marmelade og fløde.

37.Græskar tranebær scones

INGREDIENSER:
- 2 kopper bageblanding
- 1 spsk smør
- 2 pakker Splenda
- ¾ kop dåse græskar, koldt
- 1 æg, pisket
- 1 spsk tung fløde
- ½ kop friske tranebær, halveret

INSTRUKTIONER:
a) Forvarm din ovn til 425°F (220°C).
b) Skær smørret i bageblandingen.
c) Tilsæt Splenda (tilpas efter smag), dåse græskar, sammenpisket æg og tung fløde til bageblandingen. Bland ingredienserne godt, men overbland ikke.
d) Vend forsigtigt de halverede tranebær i.
e) Form dejen til 10 kugler og læg dem på en smurt bageplade. Tryk forsigtigt ned på hver kugle, og udjævn de ydre kanter.
f) Hvis det ønskes, børst toppen af sconesene med ekstra kraftig creme.
g) Bag på midterste rille i den forvarmede ovn i 10-15 minutter eller indtil sconesene er gyldenbrune.
h) Server de lune scones med smør og/eller flødeskum.

CHOKOLADESMÅKAGER

38. Kringle og karamelkager

INGREDIENSER:
- 1 pakke chokoladekagemix (almindelig størrelse)
- 1/2 kop smør, smeltet
- 2 store æg, stuetemperatur
- 1 kop knuste miniature kringler, delt
- 1 kop halvsød chokoladechips
- 2 spsk saltet karamel topping

INSTRUKTIONER:
a) Forvarm ovnen til 350°. Kombiner kageblanding smeltet smør og æg; pisk indtil det er blandet. Rør 1/2 kop kringler, chokoladechips og karameltopping i.
b) Drop afrundede spiseskefulde 2 tommer fra hinanden på smurte bageplader. Flad let med bunden af et glas; tryk de resterende kringler på toppen af hver. Bages i 8-10 minutter eller indtil de er sat.
c) Afkøl på pander i 2 minutter. Fjern til rist for at køle helt af.

39. Granola og chokolade cookies

INGREDIENSER:
- 1 18,25-ounce chokoladekageblanding
- ¾ kop smør, blødgjort
- ½ kop pakket brun farin
- 2 æg
- 1 kop granola
- 1 kop hvide chokoladechips
- 1 kop tørrede kirsebær

INSTRUKTIONER:

a) Forvarm ovnen til 375°F.

b) Kombiner kageblanding, smør, brun farin og æg i en stor skål, og pisk indtil dejen er dannet.

c) Rør granola og hvid chokoladechips i. Kom teskefulde omkring 2 inches fra hinanden på usmurte kageplader.

d) Bag i 10-12 minutter, eller indtil kagerne er let gyldenbrune rundt om kanterne.

e) Afkøl på bageplader i 3 minutter, og tag dem derefter ud på en rist .

40. Biscoff Chocolate Chip Cookies

INGREDIENSER:
- 1 kop usaltet smør, blødgjort
- 1 kop granuleret sukker
- 1 kop brun farin
- 2 store æg
- 1 tsk vaniljeekstrakt
- 3 kopper universalmel
- 1 tsk bagepulver
- ½ tsk salt
- 1 kop Biscoff-pålæg
- 1½ dl chokoladechips

INSTRUKTIONER:

a) Forvarm ovnen til 350°F (175°C) og beklæd en bageplade med bagepapir.
b) I en stor skål flød det blødgjorte smør, perlesukker og farin sammen, indtil det er lyst og luftigt.
c) Pisk æggene i et ad gangen, efterfulgt af vaniljeekstrakten.
d) I en separat skål piskes mel, bagepulver og salt sammen.
e) Tilsæt gradvist de tørre ingredienser til smørblandingen, og bland indtil de netop er blandet.
f) Rør Biscoff-spredningen i, indtil den er helt inkorporeret.
g) Fold chokoladestykkerne i.
h) Drop afrundede spiseskefulde dej på den forberedte bageplade, med en afstand på ca. 2 tommer fra hinanden.
i) Bages i 10-12 minutter eller indtil kanterne er gyldenbrune.
j) Tag kagerne ud af ovnen og lad småkagerne køle af på bagepladen i et par minutter, før de overføres til en rist for at køle helt af.

41. Schwarzwald Cookies

INGREDIENSER:
- 2 ¼ kopper universalmel
- ½ kop hollandsk proces kakaopulver
- ½ tsk bagepulver
- ½ tsk bagepulver
- 1 tsk salt
- 1 kop usaltet smør smeltet og afkølet
- ¾ kop brun farin pakket lys eller mørk
- ¾ kop hvidt granuleret sukker
- 1 tsk ren vaniljeekstrakt
- 2 store æg ved stuetemperatur
- 1 kop hvide chokoladechips
- ½ kop halvsød chokoladechips
- 1 kop friske kirsebær Vasket, udstenet og skåret i kvarte

INSTRUKTIONER:

a) Smelt smørret i mikroovnen og lad det køle af i 10-15 minutter, indtil det er stuetemperatur. Forbered kirsebærene og skær dem i små kvarte.
b) 1 kop usaltet smør, 1 kop friske kirsebær
c) Forvarm ovnen til 350°F. Beklæd to kageplader med bagepapir. Sæt til side.
d) I en mellemstor skål blandes mel, kakaopulver, bagepulver, bagepulver og salt. Sæt til side.
e) 2 ¼ kopper universalmel, ½ kop usødet kakaopulver, ½ tsk Bagepulver, ½ tsk Bagepulver, 1 tsk Salt
f) Tilsæt smeltet smør, brun farin, sukker, vanilje og æg i en stor skål. Brug en gummispatel til at blande indtil glat.
g) 1 kop usaltet smør,¾ kop brun farin,¾ kop hvidt granuleret sukker,1 tsk ren vaniljeekstrakt,2 store æg
h) Tilsæt de tørre ingredienser og bland indtil det er blandet. Det bliver en blød dej. Tilsæt de hvide chokoladechips, chokoladechips og friske kirsebær.
i) 1 kop hvide chokoladechips,½ kop halvsøde chokoladechips,1 kop friske kirsebær
j) Brug en stor cookie scoop (3 oz cookie scoop) til at øse dejen. Placer 6 kagedejkugler pr. bageplade.
k) Bag en bageplade ad gangen. Bages i 13-15 minutter. Mens den er varm, toppes med ekstra chokoladechips og hvid chokoladechips.
l) Lad kagen sidde på den varme pande i 10 minutter. Overfør derefter til en rist for at afkøle.

42.Chokolade trøffel cookies

INGREDIENSER:
- 8 spsk (1 pind) usaltet smør
- 8 ounce mørk chokolade (64% kakao eller højere), groft hakket
- ½ kop ubleget universalmel eller glutenfrit mel
- 2 spiseskefulde hollandsk forarbejdet kakaopulver (99% kakao)
- ¼ tsk fint havsalt
- ¼ teskefuld bagepulver
- 2 store æg, ved stuetemperatur
- ½ kop sukker
- 2 tsk vaniljeekstrakt
- 1 kop mørk chokoladechips (64% kakao eller højere)

INSTRUKTIONER:
a) Smelt smør og mørk chokolade i en dobbelt kedel ved svag varme, rør af og til, indtil det er helt smeltet. Afkøl helt.
b) Bland mel, kakaopulver, salt og bagepulver i en lille skål. Sæt til side.
c) Brug en elektrisk røremaskine til at piske æg og sukker i en stor skål ved høj hastighed, indtil det er lyst og luftigt, cirka 2 minutter. Tilsæt vaniljen, tilsæt derefter den smeltede chokolade og smør og pisk i 1 til 2 minutter, indtil det er blandet.
d) Skrab siderne af skålen ned, og brug en stor gummispatel til at røre de tørre ingredienser i, indtil de er inkorporeret. Fold chokoladestykkerne i. Dæk med plastfolie og stil på køl i mindst 4 timer.
e) Placer en rist i midten af ovnen og forvarm ovnen til 325°F. Beklæd en bageplade med bagepapir.
f) Fugt dine hænder med vand og rul dejen til 2-tommer kugler, og læg dem med cirka 2 tommer fra hinanden på den forede bageplade. Arbejd hurtigt, og hvis du bager småkagerne i omgange, så stil den resterende dej på køl mellem omgangene.
g) Bages i 12 til 13 minutter, indtil kanterne er hævet lidt og midten er for det meste sat. Tag den ud af ovnen og lad den køle af på panden i mindst 10 minutter, og flyt den derefter over på en rist og lad den køle helt af.

AT SAMLE IS-SANDWICHES
h) Kom småkagerne på en bageplade og frys i 1 time. Blødgør 1 liter is, indtil det kan skubbes. Jeg kan godt lide at holde det simpelt og bruge Sweet Cream Ice Cream , men du kan bruge hvilken smag du vil.
i) Fjern småkagerne fra fryseren, og arbejd hurtigt, og øs 2 til 4 ounce is på en småkage. Smør isen ud ved at lægge endnu en kage ovenpå. Gentage.
j) Når du er færdig med at samle alle sandwichene, skal du lægge dem tilbage i fryseren i mindst 2 timer for at hærde.

43. Dobbelt chokolade sandwich

INGREDIENSER:
- 1 kop ubleget universalmel
- 1/2 kop usødet bagekakao, sigtet
- 1/2 tsk natron
- 1/4 tsk salt
- 1/4 kop mælkefri chokoladechips, smeltet
- 1/2 kop mælkefri margarine, blødgjort
- 1 kop fordampet rørsukker
- 1 tsk vaniljeekstrakt

INSTRUKTIONER:
a) Forvarm ovnen til 325°F. Beklæd to bageplader med bagepapir.
b) I en mellemstor skål kombineres mel, kakaopulver, bagepulver og salt. I en stor skål, med en elektrisk håndholdt mixer, flød de smeltede chokoladechips, margarine, sukker og vanilje sammen, indtil det er godt blandet. Tilføj de tørre ingredienser til det våde i portioner, indtil det er helt indarbejdet.
c) Hæld små kugler af dej, på størrelse med en stor marmor (ca. 2 teskefulde) på de forberedte bageplader med ca. 2 tommer fra hinanden. Smør bagsiden af en spiseske let og tryk forsigtigt og jævnt ned på hver cookie, indtil den er flad og måler omkring 1-1/2 tommer bred. Bages i 12 minutter, eller indtil kanterne er sat. Hvis du bager begge plader på samme tid, skal du dreje pladerne halvvejs igennem.
d) Efter at de er taget ud af ovnen, lad kagerne køle af på panden i 5 minutter, og flyt dem derefter over på en rist. Lad småkagerne køle helt af. Opbevares i en lufttæt beholder

44. Chokoladesmåkager

INGREDIENSER:
- 2 ¼ kopper Bisquick mix
- ½ kop granuleret sukker
- ½ kop brun farin, pakket
- ½ kop usaltet smør, blødgjort
- 1 tsk vaniljeekstrakt
- 1 æg
- 1 kop chokoladechips

INSTRUKTIONER:
a) Forvarm ovnen til 375°F (190°C).
b) I en røreskål kombineres Bisquick-blanding, granuleret sukker, brun farin, blødgjort smør, vaniljeekstrakt og æg. Bland indtil godt blandet.
c) Rør chokoladestykkerne i.
d) Drop afrundede teskefulde dej på en usmurt bageplade.
e) Bag i 8-10 minutter, eller indtil kagerne er let gyldenbrune rundt om kanterne.
f) Lad chokoladekagerne køle af på bagepladen i et par minutter, og overfør dem derefter til en rist for at køle helt af.
g) Server kagerne og nyd!

45. No-Bake Matcha hvid chokolade cookies

INGREDIENSER:
- 2 kopper havregryn
- 1 kop hvide chokoladechips
- ½ kop mandelsmør
- ¼ kop honning
- 1 spsk matcha pulver
- 1 tsk vaniljeekstrakt

INSTRUKTIONER:

a) I en stor røreskål kombineres havregryn og matchapulver.

b) Smelt de hvide chokoladechips i mikrobølgeovnen i en skål, der tåler mikrobølgeovn, og rør hvert 30. sekund, indtil det er glat.

c) Tilsæt mandelsmør, honning og vaniljeekstrakt til den smeltede hvide chokolade og rør, indtil det er godt blandet.

d) Hæld den våde blanding over havre og matcha, og bland indtil alle ingredienser er jævnt belagt.

e) Hæld skefulde af blandingen på en bageplade beklædt og flad den lidt ud.

f) Stil på køl i cirka 1 time eller indtil stivnet.

46.Cadbury og hasselnøddekager

INGREDIENSER:
- 150 g usaltet smør, blødgjort
- 150 g flormelis
- 1 stort æg
- 1 tsk vaniljeekstrakt
- 225 g selvhævende mel
- ½ tsk bagepulver
- ¼ tsk salt
- 100 g Cadbury chokoladechips
- 50 g hakkede hasselnødder

INSTRUKTIONER:

a) Forvarm ovnen til 180C/160C blæser/gas 4.

b) Beklæd en bageplade med bagepapir.

c) I en stor røreskål pisk det blødgjorte smør og strøsukker sammen, indtil det er bleg og cremet.

d) Pisk æg og vaniljeekstrakt i.

e) Sigt selvhævende mel, bagepulver og salt i, og bland indtil det netop er blandet.

f) Rør Cadbury-chokoladechips og hakkede hasselnødder i.

g) Rul blandingen til små kugler og læg dem på den forberedte bageplade med god afstand fra hinanden.

h) Bages i 12-15 minutter, eller indtil de er let gyldne og lige har sat sig.

i) Lad det køle af på bagepladen i 5 minutter, før det overføres til en rist for at køle helt af.

47. Cake mix cookies

INGREDIENSER:
- 1 pakke Tysk Chokoladekage Mix; budding inkluderet
- 1 kop Halvsøde chokoladechips
- ½ kop Havregryn
- ½ kop Rosiner
- ½ kop Olivenolie
- 2 Æg; lidt slået

INSTRUKTIONER:
a) Forvarm ovnen til 350 grader.
b) I en stor skål kombineres alle ingredienser; blandes godt. Drop dejen med en afrundet teskefuld med to tommer fra hinanden på usmurte bageplader.
c) Bages ved 350 grader i 8-10 minutter eller indtil stivnet. Afkøl 1 minut; fjern fra kageark.

48. Tyske cookies

INGREDIENSER:
- 1 18,25-ounce æske tysk chokoladekageblanding
- 1 kop halvsød chokoladechips
- 1 kop havregryn
- ½ kop olivenolie
- 2 æg, let pisket
- ½ kop rosiner
- 1 tsk vanilje

INSTRUKTIONER:

a) Forvarm ovnen til 350°F.

b) Kombiner alle ingredienser. Bland godt med en elektrisk mixer indstillet til lav hastighed. Hvis der udvikler sig melede krummer, tilsæt en dråbe vand.

c) Drop dejen for skefuld på en usmurt bageplade.

d) Bages i 10 minutter.

e) Afkøl helt, inden du løfter småkagerne af pladen og over på et serveringsfad.

49. Cherry Cookies

INGREDIENSER:
- 2 ¼ kopper universalmel
- ½ kop hollandsk proces kakaopulver
- ½ tsk bagepulver
- ½ tsk bagepulver
- 1 tsk salt
- 1 kop usaltet smør smeltet og afkølet
- ¾ kop brun farin pakket lys eller mørk
- ¾ kop hvidt granuleret sukker
- 1 tsk ren vaniljeekstrakt
- 2 store æg ved stuetemperatur
- 1 kop hvide chokoladechips
- ½ kop halvsød chokoladechips
- 1 kop friske kirsebær Vasket, udstenet og skåret i kvarte

INSTRUKTIONER:

m) Smelt smørret i mikroovnen og lad det køle af i 10-15 minutter, indtil det er stuetemperatur. Forbered kirsebærene og skær dem i små kvarte.

n) 1 kop usaltet smør, 1 kop friske kirsebær

o) Forvarm ovnen til 350°F. Beklæd to kageplader med bagepapir. Sæt til side.

p) I en mellemstor skål blandes mel, kakaopulver, bagepulver, bagepulver og salt. Sæt til side.

q) 2 ¼ kopper universalmel, ½ kop usødet kakaopulver, ½ tsk Bagepulver, ½ tsk Bagepulver, 1 tsk Salt

r) Tilsæt smeltet smør, brun farin, sukker, vanilje og æg i en stor skål. Brug en gummispatel til at blande indtil glat.

50. Speculoos

INGREDIENSER:
- 2 kopper universalmel
- ½ kop usaltet smør, blødgjort
- ¾ kop brun farin
- 1 tsk stødt kanel
- ½ tsk stødt muskatnød
- ½ tsk malet ingefær
- ¼ teskefuld stødt nelliker
- ¼ tsk stødt kardemomme
- ¼ tsk salt
- 1 stort æg

INSTRUKTIONER:

a) I en røreskål piskes mel, stødt kanel, muskatnød, ingefær, nelliker, kardemomme og salt sammen. Sæt til side.

b) I en separat skål flød det blødgjorte smør og farin sammen, indtil det er lyst og luftigt.

c) Pisk ægget i, indtil det er godt blandet.

d) Tilsæt gradvist den tørre ingrediensblanding til smørblandingen.

e) Bland indtil dejen samles.

f) Hvis dejen virker for tør, kan du tilføje en spiseskefuld mælk for at hjælpe med at binde den.

g) Form dejen til en skive og pak den ind i plastfolie. Stil dejen på køl i mindst 1 time, eller indtil den er fast.

h) Forvarm din ovn til 350°F (175°C). Beklæd en bageplade med bagepapir.

i) På en let meldrysset overflade rulles den afkølede dej ud til en tykkelse på omkring ¼ tomme.

j) Brug kageudstikkere til at skære de ønskede former ud fra dejen. Traditionelt er Speculoos-kager formet som vindmøller, men du kan bruge enhver form, du foretrækker.

k) Placer de udskårne småkager på den forberedte bageplade, så der er lidt mellemrum mellem hver småkage.

l) Bag småkagerne i den forvarmede ovn i cirka 10-12 minutter, eller indtil de er let gyldne rundt om kanterne.

m) Tag kagerne ud af ovnen og lad dem køle af på en rist.

n) Når de er helt afkølet, er Speculoos-kagerne klar til at blive nydt. De kan opbevares i en lufttæt beholder i flere dage.

o) 1 kop usaltet smør,¾ kop brun farin,¾ kop hvidt granuleret sukker,1 tsk ren vaniljeekstrakt,2 store æg

p) Tilsæt de tørre ingredienser og bland indtil det er blandet. Det bliver en blød dej. Tilsæt de hvide chokoladechips, chokoladechips og friske kirsebær.

q) 1 kop hvide chokoladechips,½ kop halvsøde chokoladechips,1 kop friske kirsebær

r) Brug en stor cookie scoop (3-ounce cookie scoop) til at øse dejen. Placer 6 kagedejkugler pr. bageplade.

s) Bag en bageplade ad gangen. Bages i 13-15 minutter. Mens den er varm, toppes med ekstra chokoladechips og hvid chokoladechips.

t) Lad kagen sidde på den varme pande i 10 minutter. Overfør derefter til en rist for at afkøle.

51.Cornflake Chokolade Chip Cookies

INGREDIENSER:
- 1 kop usaltet smør, blødgjort
- 1 kop granuleret sukker
- 1 kop pakket brun farin
- 2 store æg
- 1 tsk vaniljeekstrakt
- 2 kopper universalmel
- 1 tsk bagepulver
- ½ tsk salt
- 2 kopper chokoladechips
- 2 kopper knuste cornflakes

INSTRUKTIONER:
a) Forvarm din ovn til 350°F (175°C). Beklæd bageplader med bagepapir.
b) I en stor røreskål flød det blødgjorte smør, perlesukker og brun farin sammen, indtil det er lyst og luftigt.
c) Tilsæt æggene et ad gangen, pisk godt efter hver tilsætning. Rør vaniljeekstrakten i.
d) I en separat skål piskes mel, bagepulver og salt sammen. Tilsæt gradvist de tørre ingredienser til de våde ingredienser og bland, indtil de netop er blandet.
e) Vend chokoladechips og knuste cornflakes i.
f) Drop afrundede spiseskefulde dej på de forberedte bageplader, med afstand mellem dem.
g) Bages i 10-12 minutter eller indtil de er gyldenbrune rundt om kanterne.
h) Lad småkagerne køle af på bagepladen i et par minutter, før de overføres til rist for at køle helt af.

52. Cappuccino-kager med hvid chokolade

INGREDIENSER:
- 1 kop usaltet smør, blødgjort
- 1 kop granuleret sukker
- 2 store æg
- 2 teskefulde instant kaffe granulat
- 2 tsk vaniljeekstrakt
- 2 ½ kopper universalmel
- ½ kop kakaopulver
- 1 tsk bagepulver
- ½ tsk salt
- 1 kop hvide chokoladechips

INSTRUKTIONER:
a) Forvarm din ovn til 350°F (175°C) og beklæd en bageplade med bagepapir.
b) I en stor røreskål flød det blødgjorte smør og perlesukker sammen, indtil det er lyst og luftigt.
c) Tilsæt æggene et ad gangen, bland godt efter hver tilsætning.
d) Opløs instant kaffegranulatet i en lille mængde varmt vand. Tilsæt denne kaffeblanding og vaniljeekstrakten til de våde ingredienser. Bland indtil godt blandet.
e) I en separat skål piskes mel, kakaopulver, bagepulver og salt sammen.
f) Tilsæt gradvist de tørre ingredienser til de våde ingredienser, og bland indtil en dej dannes.
g) Rør de hvide chokoladechips i, indtil de er jævnt fordelt i dejen.
h) Brug en ske eller en kageske, og slip afrundede spiseskefulde dej på den forberedte bageplade, med en afstand på ca. 2 tommer fra hinanden.
i) Flad hver småkage lidt ud med bagsiden af en ske eller fingrene.
j) Bag i den forvarmede ovn i 10-12 minutter eller indtil kanterne er sat og centrene stadig er lidt bløde. Pas på ikke at overbage.
k) Tag småkagerne ud af ovnen, og lad dem køle af på bagepladen i et par minutter, før de overføres til en rist for at køle helt af.
l) Når de er afkølet, kan du nyde disse lækre hvide chokolade cappuccino-kager med en kop kaffe eller cappuccino!

53. Snickers Bar Fyldte Chocolate Chip Cookies

INGREDIENSER:
- 2 ½ kopper universalmel
- 1 tsk bagepulver
- ½ tsk salt
- 1 kop usaltet smør, blødgjort
- 1 kop granuleret sukker
- 1 kop pakket brun farin
- 2 store æg
- 1 tsk vaniljeekstrakt
- 1½ dl chokoladechips
- 1 kop hakkede Snickers-barer

INSTRUKTIONER:

a) Forvarm din ovn til 375°F (190°C) og beklæd en bageplade med bagepapir.

b) I en skål piskes mel, bagepulver og salt sammen.

c) I en separat skål flød det blødgjorte smør, perlesukker og brun farin sammen, indtil det er lyst og luftigt.

d) Pisk æg og vaniljeekstrakt i, indtil det er godt blandet.

e) Tilsæt gradvist de tørre ingredienser til de våde ingredienser og bland, indtil de netop er blandet.

f) Fold chokoladechips og hakkede Snickers-barer i.

g) Tag cirka 2 spsk dej og flad den i hånden. Læg et lille stykke Snickers-stang i midten og fold dejen rundt om den til en kugle.

h) Placer småkagedejskuglerne på den forberedte bageplade, med afstand mellem dem.

i) Bages i 10-12 minutter eller indtil de er gyldenbrune rundt om kanterne.

j) Lad småkagerne køle af på bagepladen i et par minutter, og flyt dem derefter over på en rist for at køle helt af.

BROWNIES

54. Banan Fudge valnødde brownies

INGREDIENSER:
- 1 kop usaltet smør
- 2 kopper granuleret sukker
- 4 store æg
- 1 tsk vaniljeekstrakt
- 1 kop universalmel
- ½ kop usødet kakaopulver
- ¼ tsk salt
- 1 kop mosede modne bananer (ca. 2 mellemstore bananer)
- 1 kop hakkede valnødder
- 1 kop halvsød chokoladechips

INSTRUKTIONER:
a) Forvarm din ovn til 350 ° F og smør en 9x13-tommer bageplade.
b) Smelt smørret i en skål, der tåler mikrobølgeovn. Tilsæt sukkeret og rør, indtil det er godt blandet.
c) Pisk æg og vaniljeekstrakt i, indtil blandingen er jævn.
d) I en separat skål piskes mel, kakaopulver og salt sammen. Tilsæt gradvist denne tørre blanding til den våde blanding under omrøring, indtil den netop er blandet.
e) Vend de mosede bananer, hakkede valnødder og chokoladechips i.
f) Hæld dejen i den tilberedte bradepande og fordel den jævnt.
g) Bages i cirka 25-30 minutter, eller indtil en tandstik indsat i midten kommer ud med et par fugtige krummer.
h) Lad brunkagerne køle helt af, inden du skærer dem i firkanter.

55. Bittersøde Fudge Brownies

INGREDIENSER:
- 1 kop usaltet smør
- 8 ounce bittersød chokolade, hakket
- 1 ¾ kopper granuleret sukker
- 4 store æg
- 2 tsk vaniljeekstrakt
- 1 kop universalmel
- ¼ kop usødet kakaopulver
- ¼ tsk salt
- 1 kop halvsød chokoladechips

INSTRUKTIONER:
a) Forvarm din ovn til 350 ° F og smør en 9x13-tommer bageplade.
b) Smelt smør og bittersød chokolade sammen i en skål, der tåler mikrobølgeovn, og rør til det er glat.
c) Rør sukkeret i, indtil det er godt blandet.
d) Pisk æggene i, et ad gangen, indtil blandingen er jævn. Rør vaniljeekstrakten i.
e) I en separat skål piskes mel, kakaopulver og salt sammen. Tilsæt gradvist denne tørre blanding til den våde blanding under omrøring, indtil den netop er blandet.
f) Fold de halvsøde chokoladechips i.
g) Hæld dejen i den tilberedte bradepande og fordel den jævnt.
h) Bages i cirka 25-30 minutter, eller indtil en tandstik indsat i midten kommer ud med et par fugtige krummer.
i) Lad brunkagerne køle helt af, inden du skærer dem i firkanter.

56. Saltet karamel Fudgy Brownies

INGREDIENSER:
- 1 kop usaltet smør
- 2 kopper granuleret sukker
- 4 store æg
- 1 tsk vaniljeekstrakt
- ¾ kop kakaopulver
- 1 kop universalmel
- ½ tsk salt
- ½ kop karamelsauce
- Havsalt, til drys

INSTRUKTIONER:
a) Forvarm din ovn til 350°F og smør en ovnfast fad.
b) Smelt smørret i en skål, der tåler mikrobølgeovn.
c) I en røreskål kombineres det smeltede smør og granuleret sukker, indtil det er godt blandet.
d) Pisk æggene i et ad gangen, og tilsæt derefter vaniljeekstrakten.
e) I en separat skål piskes kakaopulver, mel og salt sammen.
f) Tilsæt gradvist de tørre ingredienser til den våde blanding, under omrøring, indtil de netop er blandet.
g) Hæld halvdelen af browniedejen i den tilberedte ovnfast fad og fordel den jævnt.
h) Dryp halvdelen af karamelsaucen over dejen.
i) Hæld den resterende browniedej ovenpå og fordel den jævnt, og dryp derefter den resterende karamelsauce over.
j) Brug en kniv til at hvirvle karamelsaucen ind i dejen for en marmoreret effekt.
k) Drys havsalt på toppen.
l) Bages i 25-30 minutter, eller indtil en tandstik indsat i midten kommer ud med et par fugtige krummer.
m) Lad brunkagerne køle helt af, inden du skærer dem i firkanter.

57. Chokolade Fudge Valnødde Brownies

INGREDIENSER:
- 1 kop usaltet smør
- 2 kopper granuleret sukker
- 4 store æg
- 1 tsk vaniljeekstrakt
- 1 kop universalmel
- ¾ kop kakaopulver
- ½ tsk salt
- 1 kop hakkede valnødder

INSTRUKTIONER:
a) Forvarm din ovn til 350°F og smør en ovnfast fad.
b) Smelt smørret i en skål, der tåler mikrobølgeovn.
c) I en røreskål kombineres det smeltede smør og granuleret sukker, indtil det er godt blandet.
d) Pisk æggene i et ad gangen, og tilsæt derefter vaniljeekstrakten.
e) I en separat skål piskes mel, kakaopulver og salt sammen.
f) Tilsæt gradvist de tørre ingredienser til den våde blanding, under omrøring, indtil de netop er blandet.
g) Vend de hakkede valnødder i.
h) Hæld browniedejen i den tilberedte ovnfast fad og fordel den jævnt.
i) Bages i 25-30 minutter, eller indtil en tandstik indsat i midten kommer ud med et par fugtige krummer.
j) Lad brunkagerne køle helt af, inden du skærer dem i firkanter.

58. Raspberry Fudge Brownies

INGREDIENSER:
- 1 kop usaltet smør
- 2 kopper granuleret sukker
- 4 store æg
- 1 tsk vaniljeekstrakt
- ¾ kop kakaopulver
- 1 kop universalmel
- ½ tsk salt
- ½ kop friske hindbær

INSTRUKTIONER:
a) Forvarm din ovn til 350°F og smør en ovnfast fad.
b) Smelt smørret i en skål, der tåler mikrobølgeovn.
c) I en røreskål kombineres det smeltede smør og granuleret sukker, indtil det er godt blandet.
d) Pisk æggene i et ad gangen, og tilsæt derefter vaniljeekstrakten.
e) I en separat skål piskes kakaopulver, mel og salt sammen.
f) Tilsæt gradvist de tørre ingredienser til den våde blanding, under omrøring, indtil de netop er blandet.
g) Vend forsigtigt de friske hindbær i.
h) Hæld browniedejen i den tilberedte ovnfast fad og fordel den jævnt.
i) Bages i 25-30 minutter, eller indtil en tandstik indsat i midten kommer ud med et par fugtige krummer.
j) Lad brunkagerne køle helt af, inden du skærer dem i firkanter.

59. Espresso Fudge Brownies

INGREDIENSER:
- 1 kop usaltet smør
- 2 kopper granuleret sukker
- 4 store æg
- 1 tsk vaniljeekstrakt
- ¾ kop kakaopulver
- 1 kop universalmel
- ½ tsk salt
- 2 spsk instant espressopulver

INSTRUKTIONER:
a) Forvarm din ovn til 350°F og smør en ovnfast fad.
b) Smelt smørret i en skål, der tåler mikrobølgeovn.
c) I en røreskål kombineres det smeltede smør og granuleret sukker, indtil det er godt blandet.
d) Pisk æggene i et ad gangen, og tilsæt derefter vaniljeekstrakten.
e) I en separat skål piskes kakaopulver, mel, salt og instant espressopulver sammen.
f) Tilsæt gradvist de tørre ingredienser til den våde blanding, under omrøring, indtil de netop er blandet.
g) Hæld browniedejen i den tilberedte ovnfast fad og fordel den jævnt.
h) Bages i 25-30 minutter, eller indtil en tandstik indsat i midten kommer ud med et par fugtige krummer.
i) Lad brunkagerne køle helt af, inden du skærer dem i firkanter.

60. Red Velvet Fudge Brownies

INGREDIENSER:
- 1 kop usaltet smør, smeltet
- 2 kopper granuleret sukker
- 4 store æg
- 2 tsk vaniljeekstrakt
- 2 spsk rød madfarve
- 1½ kop universalmel
- ¼ kop usødet kakaopulver
- ¼ tsk salt
- 1 kop halvsød chokoladechips
- ½ kop hakkede valnødder eller pekannødder (valgfrit)

FREMEOST SVIRL:
- 8 ounce flødeost, blødgjort
- ¼ kop granuleret sukker
- 1 stort æg
- ½ tsk vaniljeekstrakt

INSTRUKTIONER:
a) Forvarm din ovn til 350 ° F og smør en 9x13-tommer bageplade.
b) I en stor røreskål kombineres det smeltede smør og granuleret sukker og blandes, indtil det er godt blandet.
c) Tilsæt æggene et ad gangen, bland godt efter hver tilsætning. Rør derefter vaniljeekstrakten og den røde madfarve i, indtil det er jævnt indarbejdet.
d) I en separat skål piskes mel, kakaopulver og salt sammen. Tilsæt gradvist de tørre ingredienser til de våde ingredienser, bland indtil de netop er blandet. Pas på ikke at overblande.
e) Vend chokoladechips og hakkede nødder (hvis du bruger) i dejen.
f) I en lille skål tilberedes flødeost-spiralen ved at piske den blødgjorte flødeost, perlesukker, æg og vaniljeekstrakt sammen, indtil den er glat.
g) Hæld cirka to tredjedele af browniedejen i det smurte ovnfad og fordel det jævnt.
h) Dryp skefulde af flødeost-sirlblandingen oven på browniedejen. Brug en kniv eller tandstik til forsigtigt at hvirvle flødeosten ind i dejen.
i) Hæld den resterende browniedej over flødeost-sirlen og fordel den jævnt ud, så den dækker.
j) Bages i den forvarmede ovn i cirka 30-35 minutter, eller indtil en tandstik indsat i midten kommer ud med et par fugtige krummer. Undgå overbagning for at holde brunkagerne fudgy.
k) Tag brunkagerne ud af ovnen og lad dem køle helt af i bageformen.
l) Når det er afkølet skæres det i firkanter og serveres.

BAGEL SANDWICHES

61. Avocado Bagel Sandwich

INGREDIENSER:
- Flødeost
- ¼ kop kokoscreme
- 2 spsk citronsaft
- 1 kop rå cashewnødder, udblødt
- 1 tsk løgpulver
- 2 tsk hvid eddike
- 3 spidskål, hakket
- ¼ tsk salt
- Bagelsandwich
- 1 plantebaseret bagel
- ⅓ avocado, skrællet, udstenet og moset
- ⅓ medium agurk skrællet og skåret i skiver
- 2 spsk mælkefri flødeost
- ¼ kop rå spinat

INSTRUKTIONER:
a) Hvis du ikke har lagt dine cashewnødder i blød med det samme, så giv dem en øjeblikkelig blødning ved at lægge dem i en gryde med kogende vand, sluk for varmen og læg dem i blød i 30 minutter.
b) Vask cashewnødderne grundigt og afdryp.
c) Bland cashewnødder, kokoscreme, hvid eddike, citronsaft, salt, løgpulver og spidskål i en foodprocessor.
d) Behandl i mindst 30 sekunder og omrør blandingen i 1 til 3 minutter, eller indtil den er glat.
e) Rist bagelen og påfør den mælkefri flødeost på begge sider.
f) Læg agurkerne i lag på den ene side, og top med den mosede avocado.
g) Læg spinaten oven på avocadoen, efterfulgt af den anden halvdel af bagelen.

62.Røget kalkun bagel sandwich

INGREDIENSER:
- 2 skiver røget kalkunbryst
- 2 skiver tomat eller grøn peberringe
- 1 skive cheddarost
- 1 Bagel med smag
- Cut-rite vokspapir

INSTRUKTIONER:

a) Læg kalkunbryst, tomat eller grøn peber og ost på den nederste halvdel af bagelen.

b) Læg toppen på en bagel og skær sandwichen i halve.

c) Placer sandwich-halvdelene i midten af et ark vokspapir.

d) For at pakke det sammen, bring de modsatte sider af vokspapir sammen og fold ned i stramme folder. Fold enderne af vokspapiret under sandwichen.

e) For at opvarme, mikroovn på HIGH indtil sandwichen er varm, 30 sekunder til 1 minut.

63.Morgenmad Bagel med krydret mikrogrønt

INGREDIENSER:
- En frisk Bagel
- EN spredning af mikrogrøn pesto
- EN få delikatesseforretning skiver af Kalkun, skinke, kylling
- EN håndfuld af krydret blanding mikrogrønt
- EN par af skiver af ost
- EN få stykker af Salat

ANDET TOPPINGS:
- Avocado
- Rød Løg
- Tomat

INSTRUKTIONER:

a) Få din bagel ud, skive det i halvt, og ristet brød det. Lade det fedt nok ned.

b) Få ud din spredning af valg og placere det på begge sider af det bagel.

c) Sætte din vegansk delikatesseforretning kød på det bund.

d) Lag nogle mikrogrønt.

e) Balance din vegansk ost på top af det her.

f) Næste kommer som meget salat som tyngdekraft tillader.

g) Derefter kasket det af med det top af det bagel og god fornøjelse!

64. Hurtig Bagel Omelet Sandwich

INGREDIENSER:
- ¼ kop finthakket løg
- 1 spsk smør
- 4 æg
- ¼ kop hakket tomat
- ⅛ teskefuld salt
- ⅛ teskefuld varm pebersauce
- 4 skiver Jones Canadian Bacon
- 4 almindelige bagels, delt
- 4 skiver smeltet amerikansk ost

INSTRUKTIONER:
a) Svits løg i en stor stegepande med smør, indtil de er møre. Blend pebersauce, salt, tomat og æg. Overfør æggeblandingen til gryden. (Blandingen skal sættes i kanterne med det samme.)
b) Mens æggene sætter sig, lad den ukogte del flyde nedenunder ved at skubbe de kogte kanter mod midten. Kog til æggene er sat. I mellemtiden, mikroovn bacon og hvis det ønskes, rist bagels.
c) Læg ost over bagelbunde. Skær omeletten i fire.
d) Server med bacon på bagels.

65. Røget laks mini-bagel bar

INGREDIENSER:
- ¼ kop ⅓-mindre fedt flødeost, ved stuetemperatur
- 1 grønt løg, skåret i tynde skiver
- 1 spsk hakket frisk dild
- 1 tsk revet citronskal
- ¼ tsk hvidløgspulver
- 4 fuldkorns mini bagels
- 8 ounce røget laks
- ½ kop engelsk agurk i tynde skiver
- ½ kop rødløg i tynde skiver
- 2 blommetomater, skåret i tynde skiver
- 4 tsk kapers, drænet og skyllet

INSTRUKTIONER:

a) Kombiner flødeost, grønne løg, dild, citronskal og hvidløgspulver i en lille skål.

b) Placer osteblandingen, bagels, laks, agurk, løg, tomater og kapers i måltidsbeholdere og tilsæt citronbåde, hvis det ønskes. Disse holder sig i køleskabet i op til 2 dage.

66.Sort Skov Bagel

INGREDIENSER:
- 1 alt bagel
- 2 spsk flødeost
- ½ kop udstenede og hakkede mørke kirsebær
- ¼ kop mini chokolade chips

INSTRUKTIONER:
a) Rist alt bagel efter din smag.
b) Fordel flødeost på bagelen og top med hakkede kirsebær og minichokoladechips.

67. Rejetoppet bagel

INGREDIENSER:
- 2 grønne løg
- 4 ounce dåse små rejer
- ¼ kop creme fraiche
- 2 tsk citronsaft
- ¼ tsk Worcestershire sauce
- ¾ kop revet cheddar
- 10 mini bagels, delt og ristet

INSTRUKTIONER:

a) Skær løg i skiver, behold skåret grønne toppe. Kombiner rejer, creme fraiche, hvidløgsskiver, citronsaft, Worcestershire og ½ c. ost.

b) Fordel en afrundet teskefuld rejeblanding på den afskårne side af hver bagel.

c) Drys den resterende ost ovenpå. Arranger bagels på en let smurt bageplade. Bages uden låg i en 400 grader varm ovn i 5-10 minutter, eller indtil den er gennemvarmet. Top med grønne løg.

68. Hævet krabbekød og æg på bagels

INGREDIENSER:
- Nonstick madlavningsspray
- ½ tsk smør
- 2½ spsk Hakket grønt løg
- 1 spsk hakket grøn peberfrugt
- 1½ spsk hakket tomat
- 1 dåse Krabbekød (6 ounce), drænet
- 1 Bagel
- 1 Æggehvide
- ½ kop fedtfri ægerstatning (svarende til 2 æg)
- Salt og peber

INSTRUKTIONER:

a) Spray en lille stegepande med nonstick-spray. Tilsæt smør og smelt ved middel varme.

b) Tilsæt 2 spsk grønt løg, peberfrugt og 1 spsk tomat, og sauter derefter indtil de er møre, 2 til 3 minutter.

c) Tilsæt krabbekød og sauter indtil det er gennemvarmet, cirka 1 minut. Skær bagelen i halve og begynd at riste den.

d) Pisk æggehviden stiv, men ikke tør. Fold æggeerstatning i pisket æggehvide lige indtil det er blandet.

e) Smag let til med salt og peber efter smag. Hæld æggeblandingen over krabbeblandingen i gryden.

f) Kog og rør som for røræg, og rør forsigtigt, indtil ægget er stivnet.

g) Fjern bagelen fra brødristeren og hæld æg over bagelhalvdelene.

h) Drys med resterende ½ tsk hakket tomat og grønne løg til pynt.

69. Avocado og Bacon Bagel

INGREDIENSER:
- 1 almindelig bagel
- 2 skiver bacon, kogt og hakket
- 1 avocado, moset
- ¼ kop hakket frisk koriander
- 1 spsk limesaft
- Salt og peber efter smag

INSTRUKTIONER:
a) Forvarm ovnen til 350°F (175°C).
b) Skær bagelen i halve og udhul midten af hver halvdel, efterlad en tyk kant rundt om kanterne.
c) I en lille skål blandes den mosede avocado, hakket koriander, limesaft, salt og peber, indtil det er godt blandet.
d) Fordel avocadoblandingen jævnt i de udhulede bagelhalvdele.
e) Drys det hakkede bacon ovenpå avocadoen.
f) Læg de fyldte bagelhalvdele på en bageplade og bag dem i den forvarmede ovn i 10-12 minutter eller indtil de er gennemvarme.

BLANDINGER AF NØDDER OG FRØ

70. Furikake Chex Mix

INGREDIENSER:
- 1 æske Wheat Chex
- 1 æske Corn Chex
- 1 æske Honeycomb korn
- 1 pose (alle størrelser) Fritos
- 1 pose (alle størrelser) Bugles
- 1 pose (enhver størrelse og form) kringler
- 1 kop smør
- ½ kop Karo Sirup (eller honning)
- ⅔ kop sukker
- ⅔ kop vegetabilsk olie
- 2 spsk sojasovs
- 1 flaske Nori Goma Furikake

INSTRUKTIONER:

a) Forvarm ovnen til 250F.

b) I to store pander skal du dele hvede (eller ris) Chex, Corn Chex, Honeycomb korn, Bugles, Fritos og Pretzels jævnt mellem de to pander. Sæt til side.

c) Lav nu siruppen. Smelt smørret i en gryde. Når det er smeltet, tilsæt Karo-sirup (eller honning), sukker, vegetabilsk olie og sojasovs. Rør for at blande.

d) Hæld siruppen over de to pander med chex mix, sørg for at fordele siruppen ligeligt mellem de to pander. Brug to store skeer/spatler, smid chex-blandingen, indtil alle stykkerne er jævnt belagt med siruppen.

e) Hæld derefter hele flasken Nori Goma Furikake, delt mellem de to pander. Rør indtil furikaken er blandet jævnt.

f) Bages ved 250F i 1 time. Tag gryden ud hvert 15. minut for at blande/blande for at sikre, at den koger jævnt.

g) Fjern fra ovnen, lad afkøle. Del derefter op i poser/beholdere og del.

71. Pink Lemon ade Chex Mix

INGREDIENSER:
- 9 kopper Rice Chex
- 1½ dl hvide chokoladechips
- ¼ kop usaltet smør
- 4 tsk citronskal
- 2 spsk citronsaft _
- 2 dråber lyserød madfarve
- 2 kopper pulveriseret sukker

INSTRUKTIONER:
a) Hæld korn i en stor skål og stil derefter til side.
b) madfarve og citronsaft i en mikroovnssikker beholder .
c) Smelt i mikroovnen i et minut, og rør derefter.
d) Bliv ved med at smelte i yderligere 30 sekunders intervaller, indtil det er helt glat, når det røres.
e) Hæld smeltet blanding over korn og rør forsigtigt, indtil korn er jævnt belagt.
f) Overfør kornprodukterne til en gallon Ziploc-pose.
g) Tilsæt pulveriseret sukker og ryst, ryst, ryst din pengemaskine.

72. Grillmad blanding

INGREDIENSER:
- ½ kop majskerner
- 1 kop Cheerios
- 1 kop revet hvede i skestørrelse
- 1 kop Corn Chex eller majsklid
- 1 kop kringler
- ½ kop Tørgrillede jordnødder
- ½ kop solsikkekerner
- 1 spsk smør eller margarine
- 1 tsk stødt chili
- 1 tsk paprika
- 1 tsk malet oregano
- 1 kop sesamstænger
- 1 spsk Worcestershire sauce
- 1 tsk Tabasco sauce

INSTRUKTIONER:
a) Forvarm grillen til 350 grader.
b) Kombiner korn, kringler, mandler og frø i en stor røreskål.
c) Kombiner smør, Worcestershire, chilipulver, oregano, paprika og Tabasco i et lille fad.
d) Rør saucen grundigt ind i kornblandingen.
e) Bred ud på en stegepande og kog i 15 minutter under omrøring to gange. Lad afkøle.
f) Kombiner med majskerner og sesamstænger og server.

73. Red Velvet Party Mix

INGREDIENSER:
- 6 kopper Chokolade korn
- ½ kop pakket brun farin
- ⅓ kop smør
- 3 spsk majssirup
- 1 dråbe rød gel madfarve
- 1 kop Madkagemix
- ½ kop cremet flødeostfrosting

INSTRUKTIONER:

e) Placer korn i en stor skål, der kan mikrobølgeovn; sæt til side.

f) I en medium mikroovnsskål, mikroovn brun farin, smør, majssirup, madfarve og kageblanding afdækket på High.

g) Hæld straks over korn; vend indtil godt dækket.

h) Fordel på vokset papir. Afkøl i 5 minutter.

i) Placer frosting i en lille skål, der kan mikrobølgeovn; mikrobølgeovn afdækket på høj i 20 sekunder.

j) Dryp over kornblandingen. Opbevares løst tildækket.

74. Asian Fusion Party Mix

INGREDIENSER:
- 6 kopper poppede popcorn
- 2 kopper mundrette sprøde konjac-ris-firkanter af morgenmadsprodukter
- 1 kop usaltede ristede cashewnødder eller jordnødder
- 1 kop små kringler
- 1 kop wasabi ærter
- ¼ kop _{vegansk} margarine
- 1 spsk sojasovs
- 1/2 tsk hvidløgssalt
- 1/2 tsk krydret salt

INSTRUKTIONER:

a) Forvarm ovnen til 250°F. Kombiner popcorn, korn, cashewnødder, kringler og ærter i en 9 x 13-tommer bradepande.

b) Kombiner margarine, sojasovs, hvidløgssalt og krydret salt i en lille gryde. Kog under omrøring ved middel varme, indtil margarinen er smeltet, cirka 2 minutter. Hæld popcornblandingen over, under omrøring for at blande godt. Bages i 45 minutter, under omrøring af og til. Afkøl helt inden servering.

75.Chex mudrede venner

INGREDIENSER:
- 9 kopper Chex mærke korn
- 1 kop Halvsøde chokoladechips
- ½ kop REESES jordnøddesmør
- ¼ kop Margarine eller smør
- 1 tsk vaniljeekstrakt
- 1½ kopper pulveriseret sukker

INSTRUKTIONER:
a) Hæld korn i en stor skål; sæt til side.
b) Kombiner HERSHEY'S Chocolate Chips, REESE'S Peanut Butter og margarine i en 1-quart mikrobølgesikker skål. Mikrobølgeovn på HIGH i 1 til 1½ minut eller indtil glat, omrør efter 1 minut
c) Rør vanilje i.
d) Hæld chokoladeblandingen over kornene under omrøring, indtil alle stykker er jævnt overtrukket.
e) Hæld kornblanding i en stor GLAD-LOCK genlukkelig plastikpose med C&H pulveriseret sukker.
f) Forsegl sikkert og ryst, indtil alle stykker er godt belagt.
g) Fordel på vokspapir til afkøling.

76. Red Velvet Puppy Chow

INGREDIENSER:
- 15,25 ounce rød fløjlskageblanding
- 1 kop pulveriseret sukker
- 12 ounce hvid chokolade
- 8 ounce semi-sød chokolade
- 2 spsk tung fløde, stuetemperatur
- 12 ounce Chex korn
- 10 ounce M&M'er
- ⅛ Kopfarvet drys

INSTRUKTIONER:
a) Forvarm din ovn til 350°F.
b) Fordel den røde fløjlskageblanding over en bageplade beklædt med bagepapir.
c) Bag i ovnen i 5-8 minutter.
Tag ud af ovnen og lad køle af.
d) Tilsæt kageblandingen og pulveriseret sukker til en genlukkelig pose og ryst for at blande godt. Læg til side.
e) Bryd chokoladen i en skål og opvarm derefter i mikrobølgeovnen i intervaller på 30 sekunder under omrøring imellem, indtil chokoladen er helt smeltet.
f) Rør cremen i.
g) Tilføj Chex-kornet til en anden stor røreskål og hæld chokoladen over toppen.
h) Rør forsigtigt kornprodukterne sammen med chokoladen, indtil de er jævnt overtrukket, og arbejd derefter i portioner, tilsæt de chokoladeovertrukne kornprodukter til posen med kageblandingen og sukker og ryst, indtil det er helt overtrukket.
i) Fjern kornstykkerne på en bageplade beklædt med bagepapir.
j) Gentag med det resterende korn, og lad derefter stykkerne tørre i cirka en time.
k) Bland med M&Ms og drys og læg i en skål til servering.

77.Krydret BBQ Party Mix

INGREDIENSER:
- 3 kopper majs Chex korn
- 3 kopper ris Chex korn
- 1 kop kringlestave
- 1 kop honningristede jordnødder
- 2 spsk Worcestershire sauce
- 2 spsk varm sauce
- 1 spsk røget paprika
- 1 spsk hvidløgspulver
- 1 spsk løgpulver
- ½ kop BBQ sauce

INSTRUKTIONER:
a) Forvarm ovnen til 250°F (120°C).
b) I en stor skål blandes korn, kringler og jordnødder sammen.
c) I en separat skål piskes Worcestershire sauce, hot sauce, røget paprika, hvidløgspulver, løgpulver og BBQ sauce sammen.
d) Hæld sauceblandingen over kornblandingen og rør, indtil det hele er dækket jævnt.
e) Fordel blandingen på en bageplade og bag i 1 time under omrøring hvert 15. minut.
f) Lad afkøle inden servering.

DONUTS

78. Tira misu Donuts

INGREDIENSER:

TIL GÆR-DONUTS
- ½ kop varmt vand
- 2 og ¼ tsk aktiv tørgær
- ½ kop varm kærnemælk
- 1 stort æg, pisket
- ¼ kop smeltet smør
- ¼ kop sukker
- ½ tsk salt
- 3 kopper universalmel, plus ekstra til æltning

TIL KAFFEFREMEFYLDET
- ¾ kop piskefløde, koldt
- ½ kop pulveriseret sukker
- 1 tsk vanilje
- ¾ kop mascarpone ost
- 2 spsk brygget kaffe, kold

TIL DEN HVID CHOKOLADE GLASUR
- 150 gram hvid chokolade
- 4 spsk piskefløde
- kakaopulver til afstøvning af toppen af donuts

INSTRUKTIONER:

a) Tilsæt det varme vand i en røreskål. Drys gæren og cirka 1 tsk sukker. Lad denne blanding sidde i 5-7 minutter, eller indtil skum. Tilsæt kærnemælk, æg, smeltet smør, resterende sukker og salt. Rør det hele med en træske, indtil det hele er inkorporeret.

b) Tilsæt 3 kopper mel, en kop ad gangen, og rør, indtil blandingen begynder at danne en shaggy masse. Fortsæt med at blande, indtil der dannes en løs dej i midten.

c) Støv en ren arbejdsflade med mel. Vend dejen og ælt til dejen er glat og elastisk, drys hænderne og bord med mel efter behov. For at teste dette skal du tage en lille portion dej ud i hånden og strække den ud med fingrene til en firkant. Dejen skal danne en gennemsigtig film i midten. Dette er også kendt som vinduesrude-testen. Form den æltede dej til en kugle. Læg det i en skål og dæk det med et rent håndklæde. Lad den hæve i 1 og ½ til 2 timer, eller indtil den er fordoblet i størrelse. Klip i mellemtiden 12-14 stykker firkantet bagepapir, der er omkring 4-5 tommer.

d) Når den er hævet, tøm forsigtigt dejen ud. På en let meldrysset overflade rulles en del af dejen til et groft rektangel, der er ½ tomme tykt. Brug en kageudstikker, der er 3 tommer i diameter, skær så mange cirkler ud, som du kan, fra dejen. Gentag med den anden halvdel af dejen.

e) Læg hver formet dej på et firkantet bagepapir og anbring dem på en stor bageplade. Dæk gryden løst med et rent køkkenrulle og lad det hæve igen i 30-40 minutter eller indtil det er blødt og hævet.

f) Forvarm omkring 3-4 tommer rapsolie på en bred tykbundet pande. Når olien når 350 F, skal du sænke 2-3 donuts ad gangen, forsigtigt frigøre dem fra bagepapiret og stege til de er gyldne på hver side, cirka 1-3 minutter i alt. Donuts brune hurtigt, så hold øje med dem. Dræn de stegte donuts på en rist, der er oven på en bageplade beklædt med køkkenrulle. Lad dem køle helt af inden de fyldes.

LAV TIRAMISU-FYLDET

g) Kombiner piskefløden, pulveriseret sukker og vaniljeekstrakt i skålen med en røremaskine. Pisk blandingen med piskeriset, indtil den er tyk og luftig. Tilsæt mascarponeosten og den kolde kaffe og pisk lige indtil det er blandet.

h) Overfør cremen i en sprøjtepose med tilbehør eller i en småkagepresse med fyldstof.

i) Brug en finger eller rørtilbehøret til at stikke et hul langs siden af en doughnut. Brug fingrene til at lave noget hulrum inde i doughnutsen ved at lave en fejende bevægelse indeni. Pisk lidt tiramisucreme indeni, indtil donutsene udvider sig.

LAVE DEN HVIDE CHOKOLADE GLASUR

j) Hak chokoladen i små stykker og kom den i en bred varmefast skål. Hæld piskefløde i en skål, der tåler mikroovn, og varm den i mikrobølgeovnen, indtil siderne begynder at boble ca. 15-30 sekunder

79. Mini Ricotta Donuts fyldt med Nutella

INGREDIENSER:
- Canolaolie (til friturestegning)
- ¾ kop universalmel
- 2 tsk bagepulver
- ¼ tsk salt
- 1 kop ricotta ost
- 2 store æg
- 2 spsk granuleret sukker
- 2 tsk vaniljeekstrakt
- ½ kop Nutella
- Flormelis (valgfrit)

INSTRUKTIONER:
a) I en lille skål piskes mel, bagepulver og salt sammen; sæt til side.
b) I en stor røreskål piskes ricottaost, æg, sukker og vanilje sammen. Tilsæt de tørre ingredienser og bland, indtil det er godt blandet.
c) Hæld rapsolie i en dyb, tykbundet gryde, cirka 1½ tommer dyb. Opvarm olie til omkring 370°F ved hjælp af et friturtermometer.
d) Slip forsigtigt kugler af dej i en spiseskefuld i olien, og slip dem jævnt for at få den rundest mulige kugle. Steg 4-5 ad gangen, vend af og til, til de er gyldne, 3-4 minutter. Brug en tang til at overføre donuts til et køkkenrulle for at dræne dem. Gentag indtil dejen er brugt op. Lad donuts køle af, indtil de er nemme at håndtere.
e) Overfør Nutella til en sprøjte eller sprøjtepose med en lang, spids spids. Det kan være nyttigt at varme Nutellaen i mikrobølgeovnen i ca. 30 sekunder først. Prik et lille hul i donuts, indsæt derefter sprøjten og fyld med Nutella. Mængderne vil variere, men du bør få en god fornemmelse af, hvor meget Nutella der går i hver. Gentag med alle donuts.
f) Drys eventuelt med flormelis og server.

80.Cheddar og Jalapeño Ost Donuts

INGREDIENSER:
- 2 kopper universalmel
- 1 spsk bagepulver
- ½ tsk salt
- ¼ kop usaltet smør, smeltet
- 1 kop mælk
- 2 store æg
- ½ kop revet cheddarost
- ¼ kop syltet jalapeño, hakket

INSTRUKTIONER:

a) Forvarm ovnen til 375°F (190°C) og smør en donutpande med madlavningsspray.

b) I en røreskål piskes mel, bagepulver og salt sammen.

c) I en separat skål blandes smeltet smør, mælk og æg sammen.

d) Tilsæt de våde ingredienser til de tørre ingredienser og rør, indtil det er godt blandet.

e) Vend revet cheddarost og hakket jalapeño i.

f) Hæld dejen i den forberedte doughnutpande, og fyld hver form ca. ¾ fuld.

g) Bag i 12-15 minutter eller indtil donuts er gyldenbrune.

h) Tag den ud af ovnen og lad den køle af i 5 minutter, inden den tages ud af gryden.

81.Æblecider Paleo Donuts

INGREDIENSER:

- ½ tsk kanel
- ½ tsk bagepulver
- ⅛ teskefuld havsalt
- 2 æg
- et par dråber stevia væske
- ½ kop kokosmel
- 2 spsk mandelolie
- ½ kop varm æblecider
- 2 spsk ghee, smeltet – til overtræk

KANEL SUKKER

- ½ kop granuleret kokossukker
- 1 spsk kanel

INSTRUKTIONER:

a) Forvarm doughnut maker.
b) Bland kokosmel, bagepulver, kanel og salt.
c) Pisk æg, olie og stevia i en anden skål.
d) Bland de tørre ingredienser med de våde ingredienser sammen med æblecideren.
e) Hæld doughnut-dejen i doughnut-maskinen.
f) Kog i 3 minutter.
g) Pensl donuts med smeltet ghee/smør/mandelolie.
h) Smid donuts med kanel/kokossukkerblanding.

82.Chokoladekage Donuts

INGREDIENSER:
- 1½ kop universalmel
- ½ kop usødet kakaopulver
- ½ tsk bagepulver
- ½ tsk bagepulver
- ¼ tsk salt
- ½ kop granuleret sukker
- ¼ kop vegetabilsk olie
- 1 stort æg
- 1 tsk vaniljeekstrakt
- ¾ kop kærnemælk
- 1 kop pulveriseret sukker
- ¼ kop mælk
- ¼ kop usødet kakaopulver

INSTRUKTIONER:
a) Forvarm ovnen til 375°F. Smør en doughnutpande med non-stick madlavningsspray og stil til side.
b) I en stor røreskål piskes mel, kakaopulver, bagepulver, natron, salt og sukker sammen.
c) I en separat røreskål piskes olie, æg og vaniljeekstrakt sammen. Rør gradvist kærnemælk i, indtil det er godt blandet.
d) Hæld de våde ingredienser i de tørre ingredienser og bland indtil de netop er blandet.
e) Overfør dejen i en sprøjtepose og rør den i den forberedte donutpande, og fyld hvert hulrum omkring ⅔ fuldt.
f) Bages i 10-12 minutter, eller indtil en tandstik, der stikkes i midten af en doughnut, kommer ren ud.
g) I en lille skål piskes pulveriseret sukker, mælk og kakaopulver sammen, indtil der dannes en glasur. Dyp afkølede donuts i glasur og lad dem tørre på en rist.

83. Passionsfrugt curd Donuts

INGREDIENSER:
TIL PASSIONFRUGT CURD
- ½ kop granuleret sukker
- 3 store æggeblommer
- ¼ kop passionsfrugtpuré
- 2 spsk (1 flydende ounce) friskpresset citronsaft
- ½ kop koldt usaltet smør, skåret i 1-tommers terninger

TIL DONUTS
- ¾ kop sødmælk
- 2 store æg
- 2 store æggeblommer
- 3 ½ kopper universalmel
- 1¼ kopper granuleret sukker, delt
- 2 ¼ teskefulde instant gær
- 1 tsk kosher salt
- 6 spsk usaltet smør i tern
- vegetabilsk olie, til stegning

INSTRUKTIONER:
TIL PASSIONFRUGT CURD

a) I en medium tykbundet gryde piskes ½ kop perlesukker og 3 store æggeblommer sammen, indtil det er godt blandet, og du har en homogen bleggul blanding. Pisk ¼ kop passionsfrugt og 2 spsk frisk citronsaft i, indtil blandingen tynder ud, og stil gryden over medium varme. Kog under konstant omrøring med en træske (og sørg for at bruge en varmefast gummispatel til at skrabe siderne af panden), indtil blandingen er tyk nok til at dække bagsiden af en ske, 8 til 10 minutter, og registrerer 160 (F) på et termometer med øjeblikkelig aflæsning.

b) Når blandingen registrerer 160 (F), fjernes fra varmen og piskes ½ kop usaltet smør i terninger, et par terninger ad gangen, og tilsæt kun flere, når de foregående terninger er helt indarbejdet. Når alt smørret er tilsat, skal du bruge en finmasket sigte til at si ostemassen over i en lille glasskål. Dæk med plastfolie, og tryk plastikken direkte på overfladen af ostemassen for at forhindre, at der dannes et skind. Stil på køl, indtil den er afkølet og stivnet, mindst 2 til 3 timer (men helst natten over). Ostemassen holder sig i en forseglet glaskrukke i køleskabet i op til 2 uger.

Til Donuts

c) For at forberede dejen skal du bringe ¾ kop sødmælk i kog ved middel varme i en lille gryde. Hold øje med, at mælken ikke koger over. Hæld mælken i et flydende målebæger og lad det afkøle til mellem 105 (F) og 110 (F). Når mælken er afkølet, tilsæt 2 store æg og 2 store æggeblommer til mælken og pisk forsigtigt for at kombinere.

d) I skålen med en fritstående røremaskine, der er udstyret med en pagajtilbehør, kombineres 3 ½ dl universalmel, ¼ kop granuleret sukker, 2 ¼ tsk instant gær og en tsk kosher salt. Tilsæt mælkeblandingen og bland lige indtil det er blandet.

e) Skift til dejkrogen og ælt dejen ved lav hastighed, cirka 3 minutter. Dejen vil se klistret ud, men det er okay. Tilsæt 6 spsk usaltet smør, en terning eller to ad gangen. Hvis smørret ikke er inkorporeret, tag skålen ud af røremaskinen og ælt smørret ind med hænderne i et minut for at komme i gang. Bare fortsæt med at tilføje og ælte, indtil det er godt blandet.

f) Når smørret er inkorporeret, øger du rørehastigheden til medium og ælter dejen i yderligere et par minutter, indtil dejen er glat og elastisk. Overfør dejen til en let-smurt medium skål, dæk med plastfolie, og stil den på køl i mindst tre timer, men gerne natten over.

g) Når dejen er kølet af, beklædes to bageplader med bagepapir. Sprøjt bagepapiret rigeligt med madlavningsspray.

h) Hæld den kolde dej på en let meldrysset arbejdsflade og rul den til et groft ni gange 13-tommers rektangel omkring ½ tomme tykt. Brug en 3 ½-tommer kageudstikker til at skære 12 runde dej ud og sæt dem på de forberedte plader. Drys lidt mel over toppen af hver dejrunde og dæk dem let med plastfolie. Stil et lunt sted for at hæve, indtil dejen er hævet og springer langsomt tilbage, når den trykkes forsigtigt, cirka en time.

i) Når du er klar til at stege donuts, beklæd en rist med køkkenrulle. Kom 1 kop granuleret sukker i en mellemstor skål. Tilføj vegetabilsk olie til en medium, tykbundet gryde, indtil du har omkring to tommer olie. Sæt et sliktermometer på siden af gryden og opvarm olien til 375 (F). Tilsæt forsigtigt 1 til 2 donuts til olien og steg dem, indtil de er gyldenbrune, omkring 1 til 2 minutter på hver side. Brug en hulske til at fiske donutsene op af olien og flyt dem over på den forberedte rist. Efter ca. 1 eller 2 minutter, når doughnutsen er kølige nok til at håndtere, smid dem i skålen med perlesukker, indtil de er dækket. Gentag med den resterende dej.

AT FYLDE

j) For at fylde donutsene skal du bruge Bismarck-dejspidsen (eller håndtaget på en træske) til at stikke et hul ind i den ene side af hver side, og sørg for ikke at stikke igennem til den anden side.

k) Fyld en wienerbrødspose med en lille rund spids (eller en Bismarck Donut-spids, hvis du har lyst) med passionsfrugtosten. Sæt spidsen af konditorposen ind i hullet og klem forsigtigt for at fylde hver donut.

l) Server eventuelt overskydende ostemasse ved siden af som dipsauce (det fungerer også godt med vafler!). Donuts er de bedste på den dag, de laves.

84. Blåbærkage Donuts

INGREDIENSER:
- 1 kop universalmel
- ½ kop granuleret sukker
- 1½ tsk bagepulver
- ½ tsk salt
- ½ tsk stødt kanel
- ¼ tsk stødt muskatnød
- ⅓ kop kærnemælk
- ¼ kop vegetabilsk olie
- 1 stort æg
- ½ tsk vaniljeekstrakt
- ½ kop friske blåbær

INSTRUKTIONER:

a) Forvarm ovnen til 350°F (175°C). Smør en doughnutpande med non-stick madlavningsspray og stil til side.

b) I en stor røreskål piskes mel, sukker, bagepulver, salt, kanel og muskatnød sammen, indtil det er godt blandet.

c) I en separat skål, pisk kærnemælk, vegetabilsk olie, æg og vaniljeekstrakt sammen, indtil det er godt blandet.

d) Hæld de våde ingredienser i de tørre ingredienser og bland indtil de netop er blandet.

e) Vend forsigtigt blåbærene i, indtil de er jævnt fordelt i dejen.

f) Overfør dejen i en sprøjtepose og rør den i den forberedte donutpande, og fyld hvert hulrum omkring ⅔ fuldt.

g) Bages i 12-15 minutter, eller indtil en tandstik, der stikkes i midten af en doughnut, kommer ren ud.

h) Tag gryden ud af ovnen, og lad donutsene køle af i gryden i 5 minutter, før de overføres til en rist for at køle helt af.

i) Valgfrit: Du kan også dyppe de afkølede donuts i en simpel glasur lavet af pulveriseret sukker og mælk for ekstra sødme.

j) Server og nyd dine lækre blåbærkagedonuts!

85.Bagte Oreo Donuts

INGREDIENSER:
- 1 kop universalmel
- ½ kop pakket lys brun farin
- ⅓ kop usødet kakaopulver
- ½ tsk salt
- ¾ tsk bagepulver
- ½ tsk bagepulver
- 1 stort æg
- ½ kop mælk af enhver art
- ¼ kop smeltet kokosolie eller vegetabilsk olie
- 1½ tsk vaniljeekstrakt
- 6 Oreo cookies, knust til krummer
- Flødeost frosting

INSTRUKTIONER:
a) Forvarm ovnen til 350°F.
b) Spray let to 6-tælles donutpander med non-stick madlavningsspray. Sæt til side.
c) I en stor skål kombineres mel, brun farin, kakaopulver, salt, bagepulver og bagepulver. Sæt til side.
d) Pisk æg, mælk, kokosolie og vaniljeekstrakt i en mellemstor skål, indtil det er glat. Hæld langsomt de våde ingredienser i melblandingen under omrøring, indtil de netop er blandet. Dejen bliver meget tyk.
e) Vend forsigtigt de knuste Oreo-kager i
f) Hæld blandingen i en stor ziplock-pose og skær spidsen af det nederste hjørne.
g) Rør blandingen over i forberedte donutpander.
h) Bages i 8-10 minutter, eller indtil donutsene er lidt faste.
i) Tag ud af ovnen og afkøl helt, før du tilføjer frosting.
j) For at forberede frostingen, pisk flødeost og smør, indtil det er glat.
k) Tilsæt mælk, vaniljeekstrakt og pulveriseret sukker.
l) Pisk indtil den er glat og når den ønskede konsistens og sødme.
m) Tilsæt mere mælk og/eller pulveriseret sukker, hvis det er nødvendigt.
n) Tag hver donut og dunk den halvvejs i frostingen, og drys derefter med knuste Oreo-kager.

KANELSNEGLE

86.Pink Lemonade Cinnamon rols

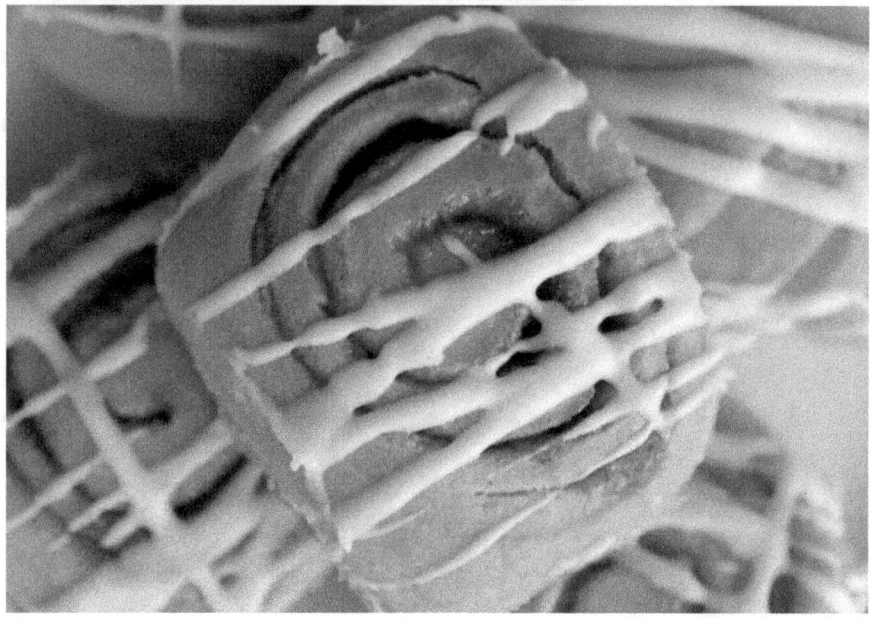

INGREDIENSER:
- 375 ml pink limonade
- 300 ml creme
- 4 kopper selvhævende mel
- 50 g smør smeltet
- ¼ kop sukker
- 1 tsk stødt kanel
- ½ kop almindeligt mel til belægning
- ½ citronsaft
- 2 dl flormelis

INSTRUKTIONER:
a) Kom selvhævende mel i en stor skål, hæld fløden og den lyserøde limonade i og bland, indtil det er blandet.
b) Vend ud på et meldrysset bord.
c) Ælt let og tryk eller rul ud til et stort rektangel ca. 1 cm tykt.
d) Pensl med smeltet smør, og drys med sukker og kanel.
e) Rul fra kanten til midten for at lave to træstykker. Skær midten ned for at lave to træstammer.
f) Skær i 1 cm runder.
g) Bages ved 220C i 10 minutter.
h) Bland flormelis med citronsaft. Dryp over rullerne.

87.Chokolade Oreo kanelruller

INGREDIENSER:
KANEL RULLEDEJ
- ¼ kop varmt vand
- 2 spsk brun farin
- 2¼ teskefulde instant gær
- 2 ¾ kopper universalmel
- 2 spsk granuleret sukker
- ½ tsk salt
- 3 spsk usaltet smør, smeltet
- ½ kop mælk efter eget valg
- 1 stort æg

OREO KANELRULL CHOKOLADEFYLD
- ¼ kop kakaopulver
- ⅔ kop mælk efter eget valg
- 1½ dl mørk chokoladechips
- 3 spsk usaltet smør
- 24 Oreos, knust
- 1 knivspids havsalt
- Flødeostglasur

INSTRUKTIONER:
DEJ

a) I en lille røreskål piskes varmt vand, brun farin og gær sammen.

b) Dæk med et rent køkkenrulle og stil til side for at aktivere. Du vil vide, at din gær aktiveres, når der kommer små bobler på overfladen af blandingen.

c) I en separat stor røreskål røres mel, sukker, salt, smør, mælk og æg sammen.

d) Når din gær er aktiveret, tilsæt den til den store røreskål med de øvrige ingredienser og rør, indtil den er samlet.

e) Dæk en ren, flad overflade med mel, og brug mel-dækkede hænder til at ælte din dej i 3 minutter. Din dej bliver klistret, fortsæt med at tilføje mel til dine hænder og overfladen efter behov.

f) Læg dejen tilbage i skålen og dæk den med et rent køkkenrulle, så den hæver i cirka ti minutter.

FYLDNING

g) Tilsæt mælk, kakaopulver, mørk chokoladechips og smør i en stor, mikrobølgeovnsikker skål. Mikroovn på høj i 1,5-2 minutter, indtil chokoladestykkerne er smeltet. Pisk indtil glat. Tilsæt en knivspids salt.

h) Knus dine Oreos i en foodprocessor, indtil det er fint støv.

i) Når din dej er fordoblet i størrelse, tilsæt mere mel til din overflade og brug en meldrysset kagerulle til at rulle dejen ud til en rektangulær form, cirka 9 x 12 tommer.

j) Hæld dit Oreo-chokoladefyld på din dej, og brug en spatel til at sprede det jævnt ud over overfladen, så der er ca. ½ tomme margen på alle sider. Drys de knuste Oreos ovenpå i et tykt lag.

k) Arbejd fra den kortere side, brug to hænder til at begynde at rulle din dej stramt væk fra dig, indtil du står tilbage med en cylinder, omkring 12 tommer lang.

l) Skær din cylinder i 6 lige store dele, cirka 2 tommer brede for at skabe 6 individuelle kanelsnurrer.

m) Tilføj dine kanelsnurrer til en 11,5-tommer firkantet bradepande, efterlader omkring en tomme mellem hver rulle.

n) Dæk til med et rent køkkenrulle og lad rullerne hvile i cirka 90 minutter, eller indtil de fordobles i størrelse.

o) Forvarm din ovn til 375°F og bag i 25-30 minutter, indtil toppen af dine ruller er gyldenbrune.

p) Lad dine Oreo Cinnamon Rolls køle af i cirka 10 minutter, før du tilføjer din glasur. God fornøjelse!

88. Red Velvet kanelsnurrer

INGREDIENSER:
TIL KANELSRULLERNE
- 4½ tsk tørgær
- 2-½ kopper varmt vand
- 15,25 ounce æske med Red Velvet kagemix
- 1 tsk vaniljeekstrakt
- 1 tsk salt
- 5 kopper universalmel

TIL KANEL SUKKERBLANDING
- 2 kopper pakket brun farin
- 4 spsk stødt kanel
- ⅔ kop smør blødgjort

TIL FLØDEOST-GRIS
- 16 ounce hver flødeost, blødgjort
- ½ kop smør blødgjort
- 2 kopper pulveriseret sukker
- 1 tsk vaniljeekstrakt

INSTRUKTIONER:

a) I en stor røreskål kombineres gær og vand, indtil det er opløst.

b) Tilsæt kageblandingen, vanilje, salt og mel. Bland godt – dejen bliver lidt klistret.

c) Dæk skålen tæt med plastfolie. Lad dejen hæve i en time. Slå dejen ned og lad den hæve igen i yderligere 45 minutter.

d) På en let meldrysset overflade rulles dejen til et stort rektangel omkring ¼ tomme tykt. Fordel smørret jævnt over hele dejen.

e) I en mellemstor skål kombineres brun farin og kanel. Drys brun farin over smørret.

f) Rul op som en jellyroll, start på den lange kant. Skær i 24 lige store stykker.

g) Smør to 9x13-tommer bradepander. Anret kanelrulleskiverne i panderne. Dæk til og lad hæve et lunt sted til dobbelt størrelse.

h) Forvarm ovnen til 350°F.

i) Bages i 15-20 minutter eller indtil de er gennemstegte.

j) Mens kanelsnurrerne bager, forbereder du flødeostglasuren ved at creme flødeosten og smørret i en mellemskål, indtil det er cremet. Bland vaniljen i. Tilsæt pulveriseret sukker gradvist.

89.Kartoffel kanelsnurrer

INGREDIENSER:
- 1 pund kartofler, kogt og moset
- 2 kopper mælk
- 1 kop smør
- 1 kop Plus 2 tsk sukker
- ¾ tsk kardemommefrø
- 1 tsk salt
- 2 pakker tørgær
- ½ kop varmt vand
- 8½ kop mel, usigtet
- 2 æg
- 2 tsk vanilje

KANELFYLD
- ¾ kop sukker
- ¾ kop brun farin
- 2 tsk kanel

NØDDEGLASUR
- 3 kopper pulveriseret sukker
- ½ kop hakkede nødder
- ¼ teskefuld kanel
- 2 tsk Smør
- 4 til 5 teskefulde vand

INSTRUKTIONER:

a) Bland kartofler og mælk til det er glat. Tilsæt ½ kop smør, 1 kop sukker og salt. Varm op til lunken.

b) I en stor skål kombineres gær, vand og de resterende 2 teskefulde sukker. Lad stå til det skummer.

c) Tilsæt kartoffelblanding, 4 kopper mel, æg og vanilje.

d) Pisk indtil glat. Rør gradvist yderligere 3½ til 4 kopper mel i. Vend dejen på et stærkt meldrysset bord og ælt til den er glat og elastisk i 15 minutter.

e) Tilsæt mere mel, hvis det er nødvendigt. Lad hæve i 1½ time.

f) Slå ned, knæl for at fjerne bobler. Dele. Smelt det resterende smør. Rul hver del af dejen til et 5x18 rektangel. Pensl med 3 tsk smør og drys med halvdelen af kanelfyldet.

g) Rul op. Skær i 12 stykker, 1 ½" brede. Læg dem i en 9x13" gryde, pensl med smør, og lad hæve 35-40 minutter. Bages ved 350 grader i 30 minutter.

90. Flødeskum pecan kanelsnurrer

INGREDIENSER:
- 1 kop piskefløde
- 1½ kopper universalmel
- 4 teskefulde bagepulver
- ¾ tsk salt
- 2 spsk Smør eller margarine, smeltet
- Kanel og sukker
- ½ kop lys brun farin
- ½ kop pekannødder, hakkede
- 2 spsk piskefløde, eller inddampet mælk

INSTRUKTIONER:
a) Pisk fløden i en mellemskål, indtil der dannes bløde toppe. Bland forsigtigt mel, bagepulver og salt i, indtil der er dannet en dej. Ælt 10 til 12 gange på et let meldrysset bord. Rul ud til et 1/4" tykt rektangel.
b) Fordel det smeltede smør over hele overfladen. Drys med kanel og sukker, den mængde du foretrækker. Rul op som en gelérulle: Starter i den lange ende. Skær i ¾-tommer segmenter. Placer på en smurt bageplade og bag ved 425F i 10-15 minutter, eller indtil meget let brunet.
c) Bland brun farin, pekannødder og 2 spsk piskefløde i en lille skål, indtil det er godt blandet. Tag rullerne ud af ovnen. Fordel toppingen på hver rulle. Tilbage til ovnen og bag indtil toppingen begynder at boble cirka 5 minutter.

91. Æblesauce kanelsnurrer

INGREDIENSER:
- 1 æg
- 4 kopper universalmel
- 1 pakke aktiv tørgær
- ¾ kop æblemos
- ½ kop skummetmælk
- 2 spsk granuleret sukker
- 2 spsk smør
- ½ tsk salt

FYLDNING:
- ¼ kop æblemos
- ⅓ kop granuleret sukker
- 2 tsk stødt kanel
- 1 kop konditorsukker
- ½ tsk vaniljeekstrakt
- 1 spsk skummetmælk

INSTRUKTIONER:

a) Forvarm ovnen til 375 grader F. Spray to 8-eller 9-tommer runde pander med madlavningsspray.

b) I en stor røreskål kombineres 1½ c. universalmel og gæren. I en lille gryde kombineres ¾ c. Motts naturlige æblesauce, skummetmælk, 2 spsk sukker, smør og salt. Opvarm over medium varme og rør lige indtil det er varmt ved 120 grader F.

c) Vend dejen ud på en let meldrysset overflade. Ælt nok resterende mel i, op til ¼ c., til at lave en moderat blød dej, der er glat og elastisk.

d) Form dejen til en kugle. Læg dejen i en skål sprøjtet let med madlavningsspray

e) Slå dejen ned, og vend den ud på en let meldrysset overflade. Dæk til og lad hvile i 10 minutter. På en let meldrysset overflade rulles dejen til en 12-tommers firkant. Fordel ¼ c. Motts naturlige æblesauce. Kombiner ⅓ c. sukker og kanel; drys over dejen.

f) Arranger 6 ruller, med skæresiden nedad, i hver gryde. Dæk og lad hæve et lunt sted, indtil det er næsten fordoblet, cirka 30 minutter.

g) Bages i 20 til 25 minutter eller indtil de er gyldne. Afkøl i 5 min. Vend på et serveringsfad. Dryp med en blanding af konditorsukker, vanilje og skummetmælk. Serveres varm.

92.Orange kanelsnurrer

INGREDIENSER:
- 1 pund frossen brøddej; optøet
- 3 spiseskefulde Mel
- 2 spsk sukker
- 1 tsk kanel
- ½ kop pulveriseret sukker
- ½ tsk revet appelsinskal
- 3 tsk appelsinjuice
- Spray med vegetabilsk olie

INSTRUKTIONER:

a) Forvarm ovnen til 375°. Rul optøet brøddej på en let meldrysset overflade til et 12x8" rektangel.

b) Spray generøst dejen med vegetabilsk oliespray. Bland sukker med kanel og drys jævnt over dejen. Rul dejen, start med den lange ende.

c) Luk sømmen og skær dejen i 12 stykker, 1" hver.

d) Sprøjt let en 9" rund bradepande med madlavningsspray. Læg dejstykkerne i gryden, og hold sømsiden nedad mod bunden af gryden.

e) Spray toppen med noget madlavningsspray; dæk til og lad hæve et lunt sted til næsten dobbelt størrelse, cirka 30 minutter.

f) Bag rullerne i 20-25 minutter, indtil de er let brunede. Afkøl let og tag af panden.

g) Mens rullerne afkøles, forbereder du glasuren ved at røre pulveriseret sukker, appelsinskal og juice sammen.

h) Dryp over rullen og server lun.

EMPANADAS

93. BBQ Chicken Empanadas

INGREDIENSER:
- 2 kopper Bisquick mix
- ½ kop vand
- 1 kop kogt kylling, strimlet
- ½ kop barbecue sauce
- ¼ kop hakkede løg
- ¼ kop peberfrugt i tern
- ¼ kop revet mozzarellaost
- Salt og peber efter smag

INSTRUKTIONER:
a) Forvarm ovnen til 400°F (200°C) og beklæd en bageplade med bagepapir.
b) Kombiner Bisquick-mix og vand i en røreskål for at lave empanada-dejen.
c) Rul dejen ud på en meldrysset overflade og skær cirkler ud med en rund kagedåse eller et drikkeglas.
d) I en separat skål blandes strimlet kylling, barbecuesauce, løg i tern, peberfrugt i tern, revet mozzarellaost, salt og peber.
e) Læg en skefuld af kyllingeblandingen på hver dejcirkel.
f) Fold dejen over fyldet for at skabe en halvmåneform, og tryk derefter kanterne sammen for at forsegle.
g) Læg empanadas på den forberedte bageplade.
h) Bages i 12-15 minutter eller indtil empanadaerne er gyldenbrune.
i) Lad BBQ chicken empanadas køle lidt af inden servering.

94. Tyrkiet Empanadas

INGREDIENSER:
- 1 kop kogt kalkun i tern
- 1⅓ kop cheddarost, revet
- 4 ounce Grøn chili på dåse, drænet
- 1 kop fuldkornshvedemel
- ¼ kop majsmel
- 2 tsk salt
- ⅓ Kop smør
- ¼ Kop koldt vand
- 1 tsk mælk
- 4 teskefulde majsmel (til topping)

INSTRUKTIONER:
a) Forvarm ovnen til 400 F.
b) Bland kalkun, ost og chili; sæt til side.
c) I en separat skål blandes mel, majsmel og salt. Skær smørret i, indtil partiklerne er på størrelse med små ærter.
d) Drys med vand og bland med en konditorblender eller gaffel, indtil dejen kan formes til en kugle. Tilsæt evt. lidt mere vand. Del dejen i to lige store portioner.
e) Vend den ene portion på et meldrysset bord og rul den til en 11" firkant. Placer på en let olieret bageplade. Fordel halvdelen af kalkunblandingen over halvdelen af kagefirkanten, og kom inden for 1½ tommer fra kanten. Fold den anden halvdelen af dejen henover, og krymp kanterne for at forsegle.
f) Gentag denne procedure med den anden del af dejen og resten af kalkunblandingen. Pensl omsætninger med mælk.
g) Drys det resterende majsmel ovenpå. Bages ved 400 F i 25 minutter eller indtil gyldenbrun.
h) Lad køle lidt af; skæres i tern til servering.

95.Svinekødspølse Empanadas

INGREDIENSER:
TIL SKORPEN:
- 2 kopper universalmel
- ¼ tsk salt
- ⅔ kop smør
- 4 til 6 spsk koldt vand

TIL FYLDET:
- ½ pund hakket svinekødspølse
- 1 kop tyk picante sauce
- ¼ kop hakkede modne oliven
- ¼ kop rosiner (valgfrit)
- 1 hårdkogt æg, pillet og hakket
- ½ tsk hvidløgspulver
- 1 æg, let pisket
- Yderligere picante sauce til servering

INSTRUKTIONER:
TIL SKORPEN:
a) I en stor skål kombineres mel og salt.
b) Skær smørret i, indtil blandingen bliver smuldrende. Brug en gaffel til at blande i lige nok koldt vand til at danne en dejkugle.
c) Del dejen i to og pak hver halvdel ind i plastfolie. Stil dem til side.

TIL FYLDET:
d) I en 10-tommer stegepande koger du den malede pølse over medium varme, omrør lejlighedsvis, indtil den bliver smuldrende og brunet (ca. 6 til 8 minutter). Dræn det overskydende fedt.
e) Tilføj 1 kop picante sauce til den kogte pølse. Fortsæt med at lave mad, under omrøring af og til, indtil saucen tykner lidt (ca. 5 til 6 minutter).
f) Rør de hakkede oliven, rosiner (hvis du bruger), det hårdtkogte æg og hvidløgspulver i. Fortsæt med at koge og rør af og til, indtil blandingen er godt blandet (ca. 1 til 2 minutter). Stil fyldet til side.

MONTAGE:
g) På en let meldrysset overflade form hver halvdel af dejen til en 15-tommers log. Rul hver log til et 20x5-tommers rektangel.
h) Skær hvert rektangel i 8 (5x2,5-tommer) rektangler.
i) På den ene side af hvert rektangel placeres cirka 1 spsk af fyldblandingen.
j) Pensl kanterne af dejen med vand.
k) Fold den modsatte side af dejen over fyldblandingen og klem kanterne sammen. Brug en gaffel til at presse og forsegle kanterne.
l) Pensl toppen af empanadas med det sammenpiskede æg.
m) Klip et "X" i toppen af hver empanada.
n) Læg empanadaerne på usmurte bageplader.
o) Bages i 14 til 20 minutter, eller indtil de er let brunede.
p) Server empanadas med ekstra picante sauce til dypning.
q) Nyd dine lækre pølse Empanadas!

96.Tun Empanada

INGREDIENSER:
TIL DEJEN:
- 300 gram mel
- 1 tsk salt (5 g)
- 1 pakke tørret gær (10 g)
- 25 gram svinefedt eller ghee, smeltet
- 2 æg, let pisket
- 80 milliliter mælk, opvarmet

TIL FYLDET:
- 2 spsk olivenolie
- 300 milliliter Tomatpuré eller 300 g tomater i kvarte
- 2 røde peberfrugter, udkernede og skåret i strimler
- 1 fed hvidløg, knust
- 1 dåse tun i olie, drænet og i flager (400 g)
- Salt og friskkværnet sort peber efter smag

INSTRUKTIONER:
TILBEREDNING AF DEJEN:
a) Sigt mel og salt sammen i en skål, og rør derefter den tørrede gær i.
b) Lav en brønd i midten af de tørre ingredienser og tilsæt det smeltede spæk eller ghee og sammenpisket æg. Bland grundigt.
c) Tilsæt den opvarmede mælk gradvist for at binde blandingen til en blød dej.
d) Ælt dejen på en let meldrysset overflade i to til tre minutter, indtil den er glat.
e) Kom dejen tilbage i skålen, dæk den til og lad den hæve i en time.
FORBEREDELSE AF FYLDET:
f) Varm olivenolien på en pande og svits de kvarte tomater, rød peberstrimler og presset hvidløg i cirka 10 minutter.
g) Rør den afdryppede og flagede tun i, og smag til med salt og friskkværnet sort peber. Stil tunfyldet til side til afkøling.
SAMLING OG BAGNING:
h) Ælt den hævede dej på en let meldrysset overflade i yderligere tre minutter, kom den derefter tilbage i en oliesmurt skål og lad den hæve i yderligere 30 minutter.
i) Forvarm din ovn til 180°C (350°F) eller gasmærke 4.
j) Rul halvdelen af dejen ud på en let meldrysset overflade og brug den til at beklæde en rektangulær bradepande.
k) Hæld det tilberedte tunfyld i jævnt.
l) Pensl kanterne af dejen med vand.
m) Rul den resterende dej ud og læg den ovenpå fyldet. Fastgør kanterne og trim eventuelt overskydende dej.
n) Lav små dampåbninger på den øverste skorpe og drys den med mel.
o) Bages i den forvarmede ovn i 30 til 45 minutter, eller indtil empanadaen er lys gylden.
p) Tag den ud af ovnen, lad den køle lidt af, skær derefter i skiver og server.

97.Galicisk torsk Empanada

INGREDIENSER:
DEJ
- 250 g almindeligt mel (eller 175 g almindeligt mel og 75 g majsmel)
- 75 ml varmt vand
- 50 ml olivenolie
- 25 ml hvidvin
- 20 g frisk gær
- ½ tsk salt
- 1 æg (til ægvask)

FYLDNING
- 225 g torsk, afsaltet
- 1 stort løg, hakket
- 1 stor rød peberfrugt, hakket
- 2 fed hvidløg, hakket
- 2 spsk tomatsauce
- 1 kop rosiner
- 1 tsk paprikapulver
- 2 spsk olivenolie
- 1 tsk salt

INSTRUKTIONER:
DEJ
a) Kom melet i en stor skål.
b) Opløs gæren i det varme vand. Tilføj det til skålen. Tilsæt olivenolie, hvidvin og salt til skålen.
c) Opløs gæren i varmt vand og kom alle ingredienserne i skålen. Bland ved lav hastighed i 5 minutter, indtil dejen er glat.
d) Begynd at blande med en ske og derefter med hænderne. Læg dejen på den rene køkkenbordplade og ælt til dejen er glat. Det tager 8-10 minutter. Form den til en kugle.
e) Drys lidt mel over skålen og læg kuglen indeni. Dæk med et klæde og lad det hvile i 30 minutter.

FYLDNING
f) Opvarm 2 spsk olivenolie i en stor gryde ved lav-middel varme. Rør hakket løg, peberfrugt og hvidløg i. Tilsæt salt og kog over medium varme, indtil det er blødt og gyldent. Omkring 15 minutter.
g) Skær torsken i små stykker. Kom torsken i gryden. Tilsæt tomatsauce, rosiner og paprikapulver. Bland og kog i 5 til 8 minutter. Fyldet skal være en lille smule saftigt. Sæt til side.
h) Form dejen og bag den (se video nedenfor)
i) Del dejen i to lige store stykker, den ene skal dække bunden og den anden dække.
j) Forvarm ovnen til 200ºC. Over- og undervarme. Læg bagepapir på en bageplade.
k) Stræk et af stykkerne ud med en kagerulle, indtil du får en tynd plade, omkring 2-3 mm tykkelse.
l) Læg dejen på bagepladen.
m) Fordel fyldet over dejen, men lad lidt plads rundt om kanten for at lukke empanadaen.
n) Stræk det andet dejstykke. Skal have samme størrelse som det første ark. Læg det ned over fyldet. Forsegl kanterne.
o) Pensl overfladen med sammenpisket æg og bag i 30 minutter til de er gyldne. 200ºC.
p) Tag den ud af ovnen og lad den køle af, inden den spises.

98.Rejer Empanadas

INGREDIENSER:
TIL DEJEN:
- 3 kopper universalmel
- 1 tsk groft salt
- ½ tsk stødt gurkemeje
- ¼ tsk hvid peber
- 10 spsk usaltet smør, afkølet og hakket
- 6 spiseskefulde svinefedt, afkølet
- 1 æg
- 1 æggeblomme
- ½ kop Lite øl eller vand

TIL FYLDET:
- 2 spsk usaltet smør
- 1 stort løg, pillet og hakket
- 3 fed hvidløg
- 3 tomater, hakkede
- ½ tsk stødt kardemomme
- ⅛ teskefuld Kværnet nelliker
- ¼ tsk hvid peber
- 1 tsk groft salt
- 1½ kopper palmehjerter, drænet og hakket
- 3 spsk Persille
- 1 pund rejer, pillet og udvundet

TIL FORSEGLER OG GLASUR:
- 1 Æggehvide
- 2 spsk koldt vand, mælk eller fløde

INSTRUKTIONER:
TILBEREDNING AF DEJEN:
a) Sigt universalmelet i en skål.
b) Tilsæt det afkølede og hakkede usaltede smør og bland indtil blandingen minder om et groft måltid.
c) Tilsæt æg, æggeblomme og ¼ kop koldt vand. Fortsæt med at blande og tilsætte vand, indtil der er dannet en fast dej.
d) Ælt dejen til den er glat, pak den derefter ind og stil den på køl i 15-30 minutter.

FORBEREDELSE AF FYLDET:
e) Opvarm det usaltede smør i en lille stegepande.
f) Tilsæt det hakkede løg og hvidløg, og steg ved middel varme, indtil løget bliver gennemsigtigt, hvilket tager cirka 5 minutter.
g) Tilsæt de hakkede tomater, stødt kardemomme, stødt nelliker, hvid peber og salt. Kog i cirka 8 minutter.
h) Tilsæt de hakkede hjerter af palme og kog i 5 minutter mere, eller indtil væsken er fordampet.
i) Stil fyldet til side og lad det køle af, eller stil det på køl natten over, godt dækket.

FREMSTILLING AF SEALER OG GLASUR:
j) Bland æggeblommen og koldt vand for at skabe forseglingen og glasuren. Læg det til side.

SAMLING OG BAGNING:
k) Forvarm din ovn til 400 grader Fahrenheit (200 grader Celsius).
l) Rul dejen ud på et meldrysset bord til en tykkelse på ⅛ tomme og skær den i 4-tommers firkanter.
m) Ælt dejrester og rul dem igen, gentag processen for at lave firkanter, indtil al dejen er brugt.
n) Læg en spiseskefuld af fyldet i midten af hver firkant, og læg derefter en reje ovenpå.
o) Fugt kanterne af dejen med forsegleren og form en trekant ved at folde dejen over fyldet.
p) Tryk kanterne sammen med en gaffel for at forsegle.
q) Læg empanadaerne på en bageplade beklædt med bagepapir.
r) Pensl empanadaerne med den resterende glasur.
s) Bag i den forvarmede ovn i 25 minutter, eller indtil de bliver gyldenbrune.
t) Overfør empanadas til en rist for at køle lidt af, og server dem derefter lune.
u) Nyd din lækre Empanadas de Camarão fyldt med smagfulde rejer og palmehjerter!

99.Empanadas af druer og oksekød

INGREDIENSER:

- 1 pund magert hakkekød
- ½ kop hakket løg
- 2 spsk chilipulver
- 2 tsk stødt spidskommen
- 1 tsk hvidløgspulver
- ½ tsk stødt kanel
- ½ teskefuld salt og peber hver
- 1 kop skåret Ontario Jupiter™ druer
- 3 plader færdiglavet butterdej
- 1 æg
- 2 spsk vand
- 1 kop druer
- ½ kop finthakket løg
- ¼ teskefuld malet ingefær
- ½ tsk hvidløgspulver
- ¼ teskefuld salt

INSTRUKTIONER:

a) Forvarm din ovn til 425°F (220°C) og beklæd to bageplader med bagepapir; sæt dem til side. I en stor stegepande over medium-høj varme koger du hakkebøffer, løg, chilipulver, spidskommen, hvidløgspulver, kanel, salt og peber i cirka 8 minutter, eller indtil oksekødet er gennemstegt.

b) Dræn eventuelt overskydende fedt. Rør druerne i og stil blandingen til side.

TIL EMPANADAS:

c) Brug en skål eller kageudstikker til at skære tolv 5-tommer cirkler ud af den forrullede butterdej. Læg cirklerne ud på de bagepapirbeklædte bageplader. Hæld 3 spiseskefulde (45 ml) af fyldet i midten af hver cirkel.

d) I en lille skål piskes æg og vand sammen. Pensl kanterne af hver cirkel med æggevasken og fold dejen på midten, og omslut fyldet indeni. Tryk kanterne ned med en gaffel.

e) Anret empanadas på de beklædte bageplader. Pensl æggevæsken på toppen af hver empanada.

f) Bages i 20 minutter eller indtil toppen bliver gyldne.

TIL CHUTNEYEN:

g) I en mellemstor gryde ved middel varme røres druer, løg, ingefær, hvidløgspulver og salt i. Tryk druerne mod siden af gryden for at frigive deres saft og bring blandingen til at simre.

h) Kog i 8 minutter, omrør ofte, indtil der er meget lidt væske tilbage. Lad det køle helt af.

i) Server chutneyen sammen med de friskbagte empanadas. God fornøjelse!

100. Empanadas med hasselnød og banan

INGREDIENSER:
- 1 stor moden banan, skrællet og skåret i tern
- 1 kop Nutella
- 2 nedkølede 9-tommers tærteskaller
- 2 spsk vand
- 2 spsk granuleret sukker
- kanel is

INSTRUKTIONER:

a) Tilsæt Nutella og banan i en skål og bland, indtil det er godt blandet.

b) Læg dejen på en let meldrysset overflade og skær den i 2 lige store stykker.

c) Rul nu hvert stykke til et 14x8-tommers rektangel med ¼-tommers tykkelse.

d) Med en 3-tommers kageudstikker skærer du 8 cirkler fra hvert dejrektangel.

e) Placer omkring 1 dyngede teskefuld af Nutella-blandingen på hver dejcirkel.

f) Fugt kanterne af hver cirkel med våde fingre.

g) Fold dejen over fyldet og tryk på kanterne for at lukke.

h) I bunden af en foliebeklædt bageplade arrangeres empanadaerne.

i) Overtræk hver empanada med vand og drys med sukker.

j) Stil i fryseren i cirka 20 minutter.

k) Indstil din ovn til 400 grader F.

l) Tilbered i ovnen i cirka 20 minutter.

m) Nyd varm sammen med kanelisen.

KONKLUSION

Mens vi nyder de sidste bidder af "De bedste snacks i kaffebaren", håber vi, at denne kulinariske rejse har tilføjet et strejf af glæde til dine kafferitualer. Fra den første slurk til den sidste krumme er disse 100 lækre bidder et vidnesbyrd om kunsten at kombinere smag og skabe en harmonisk dans mellem kaffe og mad.

Uanset om du har oplevet disse bidder i selskab med venner, i et stille øjeblik af ensomhed eller som højdepunktet i en brunchsammenkomst, stoler vi på, at hver opskrift har bragt et nyt lag af nydelse til din kaffehusoplevelse. Den omhyggeligt sammensatte kollektion, der spænder fra sødt til krydret, er designet til at passe til enhver smag og lejlighed, hvilket gør dine kaffepauser til et øjeblik at se frem til.

Mens du fortsætter med at udforske kaffens og bidernes verden, må disse opskrifter inspirere dig til at skabe dine egne dejlige parringer, der tilfører dine kaffeøjeblikke kreativitet og kulinarisk glæde. Her er til utallige flere kopper kaffe, fælles latter og fornøjelsen af at hengive sig til "De bedste snacks i kaffebaren"-oplevelse. Skål for at løfte din kafferejse med lækre bidder!

www.ingramcontent.com/pod-product-compliance
Lightning Source LLC
Chambersburg PA
CBHW071312110526
44591CB00010B/865